選択できる未来をつくる

松岡陽子
Yoky Matsuoka

東洋経済新報社

はじめに

私は10代でプロテニス選手をめざして渡米し、米国で大学の教授となり、グーグルやアップルで働き、スタートアップや財団設立を経験し、その過程で子どもを４人育ててきました。米国でいろいろな経験を積む中で、うまくいったこともあれば、数多くの間違いもしてきましたが、たくさんの学びがありました。「テクノロジーの力で人が『自分のなりたい自分』になれるようにする」というミッションが、いつも活動の原動力となっています。

今はパナソニック ホールディングスの幹部であり、米国にあるヨハナ（Yohana）というパナソニック ホールディングス子会社の社長という立場にあるため、日本との関係が再び活動の中心になっています。日本の方々からキャリアやテクノロジーや経営手法などについて、いろいろな質問を受けるようにもなりました。

高齢の親を持つ娘であり、母であり、妻であり、そして会社の幹部といういろいろな役目を日々同時並行でこなす中で、苦労することは少なくありません。みなさんも壁に突き当たり、心が折れそうになることがあると思います。私がここにたどり着くまでに学んだことを読者のみなさんに本という形でシェアすることで、今後のヒントになったり、苦労を少しでも和らげたりすることができれば本望です。

選択できる未来をつくる　目次

第5章

序章

なぜこの本を書こうと思ったのか

why I came to write this book

人生は何章もある1冊の本のようなもの

カリフォルニア大学バークレー校で、６０００人の学生に向けての卒業スピーチを頼まれたときのことです。

ご存知のとおり、大学の卒業スピーチではこれから社会に出ていく学生たちにゲストがありったけの想いを込めてエールの言葉を贈ります。スタンフォード大学の卒業式で「Stay hungry, stay foolish」と締めくくったスティーブ・ジョブズの名スピーチが印象に残っている人も多いでしょう。

ステージの上から偉そうに話すのは性に合わないので、私はカフェでたまたま隣り合わせた人とおしゃべりするように、ごくカジュアルに始めました。

「今日は卒業式です。夜はみんなで飲みに行って、さんざん酔っぱらって楽しむことでしょうね。私のことも『ああ、ヨーキー・マツオカとかいう人がしゃべりに来たけど、内容は忘れちゃった！』となるかもしれません」

学生たちからはどっと笑いが起きました。

私はこう続けました。

「でも、これだけは覚えておいてください。Life is like a chapter book. 人生は何章もある本のようなものなのです」

大学を卒業して最初にどんな仕事に就くか。これをとてつもなく大きな選択だと思っている人は大勢います。

「どんな仕事を選ぶかで、この先の人生が決まる」

「いったん選んだ仕事はずっと続けなければいけない」

新卒一括採用という日本の終身雇用を前提にしたシステムに比べたら雇用の流動性が高い米国でさえ、「最初の就職は重要だ」と、卒業後の進路について深刻に考えすぎる人はめずらしくありません。

しかし「これで人生がすべて決まる」なんて考えたら、その選択はとてつもなく重いものになってしまいます。深刻になればそれだけ良い選択ができるというわけではありません。

むしろ、考えすぎたり、情報を必要以上に集めたり、まわりの意見を聞きすぎたり、悩まなくていいことに悩んだあげく、何も選べなくなる危険すらあります。

最初のキャリアですべてが決まることはない

現実には、最初のキャリアですべてが決まるなんて、ありえない話です。

人生というのは本のようなものだとお話ししましたね。本であればチャプター1（章）があります。生まれてから20歳すぎまで育ってきた日々がチャプター1からチャプター2に該当するとしたら、大学を卒業して就職する時期はチャプター3の始まったあたりでしょうか。その後にはチャプター4も5もあり、人生１００年という時代には6も7も8もある。それなのに、チャプター3ですべてが決まってしまうなんてことがあるでしょうか？

もちろん、20代初めで社会に出てからの数年間は貴重な時間です。熱意はあるし、何ごとにも飽きないし、たくさん学ぶし、学んだことも定着しやすい。したがって、貴重なその時期を何に使うかの選択は大切です。

大切だけれど、だからこそ「これが自分の人生を決める」と思い詰めると、肩に力が入りすぎて逆に上手に選べなくなる。その点に目を向けるべきだと私は考えています。

まずは、最初のキャリアが肝心という思い込みをやめること。

そして「今」に焦点を当ててみることです。

「今、自分が一番のめり込めるもの、夢中になれるものはなんだろう？」と考えてみてください。答えが出たら、次の日の朝起きたときに、また考えてみる。考えても考えても楽しくてたまらないこと、理由もなく夢中になれることを、まずはがんばって見つけます。抽象的なことでもかまいません。

次に、それはどんな職業と結びつくのか考えてみてください。自分が楽しくて仕方ないことをできるのはどんな仕事を通じてなのか、どんな選択肢があるのか。

考えて、調べて、考えて、見つける。そして仕事を選択します。選択したら、その仕事にしばらく打ち込みます。

でも次のチャプターでは方向性を変えてもいいのです。

真剣に考えて選択し、全力で打ち込んだとしても、しばらくして「あっ、これじゃない。違っていた」と間違いに気がついたり、「このスキルを使ってほかのことがやりたい」と変わったりしていくのは、とても自然なことです。最適な答えを選べるようにベストは尽くすべきだけれど、最初からベストの答えを選ばなくてもかまわないのです。違うと思ったら、また、選べばいいのですから。

「めざせプロテニス選手」のはずが研究者に

私自身もそうでした。まず、私の経歴をざっとご紹介しましょう。

「テニスの世界トップ選手をめざす」という選択をして16歳で単身渡米し、ひたすら練習に打ち込みました。ところが数度にわたるケガによって、アスリートの道は断たれてしまいました。テニスのトップ選手をめざすチャプターは早々に終わってしまったのです。

次にロボット工学というチャプターが始まります。当時、ＵＣバークレー（カリフォルニア大学バークレー校）に在学していましたが、テニス選手になるのをあきらめた私は、自分と互角に打ち合いができるパートナーのようなロボット「テニス・バディ（Buddy＝仲良しの友だち）」をつくれないかと考え始めていました。

ある日、私はかなり気楽に教授に尋ねました。

「こんにちは。私は数学と物理が好きなテニスプレーヤーです。テニスの練習相手になるロボットをつくりたいんですけど、どうすればいいでしょう？」

今思えば無邪気かつ大胆な質問にもかかわらず、教授は「上のフロアにいる大学院生に相談してごらん」とアドバイスしてくれました。

大学院生たちからいろいろ教わるうちに、ロボット工学はテニスと同じくらい夢中になれるものだと気づきました。そこで卒業後はＭＩＴ（マサチューセッツ工科大学）の大学院で学び、「ロボットを動かすにはコンピューターサイエンス、さらにはニューロサイエンス（神経科学）が必要だ」と思うようになります。

ロボット工学と機械学習、ニューロサイエンス、医学、生物学。学問分野を越えて新しいものをつくろうという試みは、たまらなく心躍るものでした。その後、ハーバード大学を経て、カーネギーメロン大学で助教として教鞭をとりながら研究を続けるうちに、私は人生のミッション、つまりなぜ私が存在し、どんな目的を軸に進めばいいのかを見つけます。使命感と言い換えてもいいかもしれません。のちほど詳しくお話しします。

とにかく「テクノロジーを使って、人間のように動くテニス・バディをつくりたい」という自分中心の幼い夢ではなく、「テクノロジーを使って、体が思うように動かせずに困っている人を助けたい」という、社会とつながる強い願いが生まれたのです。

やがてそれは、障がいを持つ人、脳出血や脳梗塞の患者さんのリハビリに用いるロボットアームの研究に結実していきました。私のミッションもさらに進化し、今現在は「テクノロジーで人が『なりたい自分』になれるように助ける」というものになっています。

アカデミックな世界からビジネスの世界へ

テニス選手から研究者・開発者へ、チャプターはアスリートの章からアカデミックの章へと変わったわけですが、これは道の途中にすぎませんでした。ずっと打ち込んできた研究が注目され、米国で「天才賞」と呼ばれるマッカーサー賞を思いがけず受賞したことで転機が訪れます。自分の財団であるＮＰＯ（非営利団体）の「ヨーキーワークス（YokyWorks）」を立ち上げるなど、次のチャプターが始まることになりました。

２００９年にはグーグルの共同創設者であるセルゲイ・ブリンとラリー・ペイジの２人に呼ばれ、グーグルXの共同創業メンバーの１人になりました。私のチャプターはアカデミックな世界からビジネスの世界へと進んでいきます。

その後、大学の元教え子に誘われ、当時まだ10人ほどのベンチャー企業だったネスト・ラボ社で、家庭内ＩｏＴ（Internet of Things）プロダクトの先駆けとなった「サーモスタット」の開発に携わりました。ネストがグーグルに買収されてしばらくすると、再びグーグルを離れてヘルスケア分野のスタートアップでＣＥＯ（最高経営責任者）となり、それも買収されたあとはアップルのヘルスケア部門に移りました。そのあとはネストにＣＴＯ（最高技術責任者）として復帰。グーグルのヴァイス・プレジデント（ＶＰ：副社長）を務め、２０１９年からパナソニックグループに移籍しました。パナソニック ホールディングスの子会社としてヨハナを米国で設立し、今はヨハナのＣＥＯとして、シリコンバレーと日本でサービスを立ち上げています。

職場を変えるという意味でチャプターがめまぐるしく変化することはシリコンバレーではどめずらしくはありませんが、私はこの間に結婚をし、４人の子どもを産みました。私の中ではそれらも新しいチャプターへのページをめくるタイミングでした。

「今のチャプター」に没頭する

駆け足で私の経歴を紹介しましたが、何が言いたいのかといえば、この一つひとつのチャプターは、あらかじめ周到に計画されたものではまったくなかったということです。

すべてのチャプターは、その時点での私のすべてでした。

テニスのプロ選手をめざしていたときは、「これは私のチャプター2だ。人生のほんの一部にすぎない」なんてまったく思わず、「テニスが１００％、私の人生のすべてだ」と思って打ち込んでいました。テニス・バディの開発を夢見ていた頃も、朝から晩まで、ときには眠っているときでさえ、そのことしか考えていませんでした。

最初に何か目標を決め、そこから逆算して段階を踏んでいくやり方もあるでしょう。ただ、私の場合は「チャプター5へ進むためにまず、チャプター4をがんばる。チャプター5に進んだら、チャプター6へ進むためにがんばる」というような計画性のある一筋のルートではなかったということです。

スティーブ・ジョブズはかつて「一見関係ないような出来事も、あとから振り返るとつながっている（connecting the dots）」と言いましたが、まさにそのとおりだと思います。

人生は1冊の本ではあるけれど、最初からしっかりとした筋書きを用意する必要はありません。のめり込めるものが見つかれば、おのずとパッション（情熱）を抱けるものが見つかり、のちにミッション（使命）を発見することになるはずです。

まずは今のめり込めることに集中し、将来役立ちそうなスキルや経験を積んでいけば、次のチャプターは自然と開けていくものだとも思います。

ミッション・ドリブンなら迷わない

「違うと思ったら、また、選べばいい」と言いましたが、ここで問題なのは、不確実性の増す今の世の中で、何かを選択するのが難しくなってきたということです。

このところよく議論されることですが、この世界に「正解」はありません。何を大切に、何を誇りに、何をアイデンティティーにしているかは人それぞれ異なり、誰かにとっての正解が、自分にとっての正解とは限りません。

キャリアについても同じです。数十年前とは事情が異なり、「これさえやっておけば大丈夫」というような、保証されたルートは存在しない。これは、若い人たちほど敏感に感じていることでしょう。

人は迷うし、間違えるし、混乱します。予想外のアクシデントに見舞われることもあります。家族が増え、責任が増え、大切なことが増えたがために選択に迷うこともあるでしょう。かくいう私自身が、数限りなく悩んだし、迷ったし、ときにはうろたえました！

そんなときでも正しい選択をするためには、自分自身の指針を持つことです。そこで私は「ミッション・ドリブン」、すなわちミッションに突き動かされて進んでいく形でキャリアを選び、人生のチャプターを進めてきました。

先ほどお話ししたとおり、「テクノロジーで人が『なりたい自分』になれるようにする」というのが今の私のミッションです。このミッションこそ私を動かし続ける発動機であり、このミッションこそ、私が毎朝起きる理由です。

ずっと一緒にいたいと願ってやまない4人の子どもたちを家に置いてでも、睡眠時間すらままならない疲労困憊した朝であっても、毎日、文字どおり飛び起きて（！）、仕事に行ける理由です。

どんなに時代が変わっても、どんな局面であっても、「ミッションに合っているか？」と自分に問えば、自分が望む方向へと進んでいけると考えています。本書は私の経験を中心に展開していきますが、テーマは誰にでも当てはまるはずです。

私が苦労し、数々の間違いを通して学んできたことを集約してお伝えすることで、読者には人生の近道をしてもらえればと思っています。ほかの人と違うところを大切にしながら（第1章）、のめり込むものを見つけて自分自身の基盤をつくるため、スキルや経験が入った道具箱をつくっていきます（第2章）。ミッションを見つけたあとは、それを軸に選択を重ねていきます（第3章）。自分だけでは力が足りないときは、ほかの人の助けも借ります（第4章）。第5章では、節目節目での選択や、自分の次のチャプターに移るかどうかのタイミングで悔いのない選択をするために私が行っているメソッドをご紹介しましょう。

第1章 ほかの人と違うところを大切に

embrace and praise being unique

両親は暴れん坊マッケンローのファン

日本は同調圧力が強い社会ですが、私の場合、親から「みんなと同じでなくてはいけない」と言われたことはありませんでした。

学校は幼稚園から米国に行くまでずっと同じ学校に通いました。引っ越したことも転校したこともなく、父は定年まで同じ会社で働き、母は専業主婦。そんな家庭の1人娘として育ちました。

父親は慶應義塾、母親は青山学院と、日本でも比較的自由度が高い大学の出身です。2人とも奨学金をもらって米国留学をしたこともあってか、ユニークであることはいいことだという考え方で育てられました。いろいろなところでほかの子と違っていても、自分の選択に責任を持ち、強みを伸ばすべきだというスタンスでした。

2人ともテニスをしており、テレビでジョン・マッケンローの試合を楽しそうに応援する姿をよく覚えています。スター選手でありながら問題児だったマッケンローは、それまで紳士淑女のスポーツとして上品さが求められていたテニス界に旋風を巻き起こしました。若くしてメジャー大会で優勝する実力を持つ一方で、審判の判定を不服としてラケットを投げて叫んだりと、当時では考えられないようなお行儀の悪さでした。それでも私の親が彼を応援していたのは、個を大事にしていたからだったのだと今は思います。

私自身はマッケンローではなくその次の世代の異端児、アンドレ・アガシ選手が大好きでした。派手な服装と長いブロンドの髪は、ほかのどんなプロテニス選手ともまったく異なる風貌で、強烈な個性を前面に出していました。私がボストンで大学院生だった頃、ニューヨークで行われる全米オープンテニスの大会に駆けつけ、当時それしか買えなかった一番安いチケットを手に入れ、スタジアムのほぼ最後列から一目でもアガシを見ようとしたものです。

シャイな幼稚園児

どんな子どもも何かしらユニークなところがありますが、私はまわりから「ちょっと違う」と言われることが少し多かった気がします。外向的で目立つようなことをする子はそのようなケースがままありますが、私の場合はむしろ逆で、とてもシャイな子でした。今でも素の私はものすごくシャイですし、あまり人前に出ていきたくないほうです。ＳＮＳ（ソーシャル・ネットワーキング・サービス）で華やかな交友関係を披露するなんてとんと縁がない話で、興味もさっぱり湧きません。

幼稚園に入ったときは毎朝泣いてはまわりを困らせたようです。「絶対行かない！」と母にしがみついている私を、先生がなんとか引きはがして教室に入れる、の繰り返し。そのくせ帰ってくると「とっても楽しかった！」と上機嫌……。

不思議に思った母は幼稚園に頼み、あるときこっそりようすを見せてもらったそうです。すると、教室に無理矢理入れられた幼い私は、すみっこにしゃがみ込んで1人でしばらく泣き続け、しばらくするとまわりをじっと見渡していたといいます。

「あそこにあんな子がいる。ここにこんなおもちゃがある。あっちには……」

慎重に観察して、「まあいいか」と納得すると、少しずつ元気が出て動き始める。1時間ぐらいすると誰よりもいろんなことをして遊び始め、そのうち教室どころか幼稚園じゅうを走りまわっている。シャイで超慎重なのに大胆。母からこの話を聞いて、われながら「本当に今と同じだ」と笑ってしまいました。

ほかと違うということでいえば、私は学校の友だちとは全然違う夏休みを過ごしていました。両親は静岡県の下田に小さな別荘を持ち、学校の夏休みが始まるちょっと前から、夏休みが終わるちょっと後までずっと海辺で過ごすのが毎年の恒例でした。サラリーマンの父は、この時期は下田から都内の勤務先まで長距離通勤していたことを思い出します。

学校の友だちは夏期講習に忙しい子が多かったようですが、私は砂浜で一日中遊んでいました。一人っ子だからでしょうか、よく妄想にふけり、砂でこしらえた蟹さんの家を舞台に、いろんな砂浜の生き物たちを愉快な仲間にしたフィクションをつくって楽しんでいました。

学校の休みよりも長い夏休みを終えて学校に戻ると、私の肌は誰よりも真っ黒に焼けていました。当時は日焼け止めを塗るという発想もなければ、色が黒くなることに何も問題を感じませんでした。母には「真っ黒大将」なんて呼ばれたこともありましたね。

自分で選択したテニス

「将来は、スポーツか音楽のプロになってほしい」という両親の願いで、２歳から水泳を始めました。

１９７１年生まれの私が水泳を習い始めた頃は、ベイビースイミングがまだ一般的でなく、スイミングスクールに申し込みに行ったら「こんな小さな子を教えるんですか？」と戸惑われたと聞いています。当の私はといえば、お気に入りのスヌーピーのぬいぐるみを放すのが嫌で、プールに入ることすら渋るありさまだったそうです。

しかし「スヌーピーを窓枠に座らせて。ほら、ちゃんと見ていてくれるからやってごらん」と言い聞かされてこわごわ水に浸かってみると、すぐに泳げるようになり、めきめき上達していきました。父も母もスポーツが得意だったためでしょうか。私はやがて強化選手になり、11歳のときにはジュニアオリンピックも視野に入れて練習を重ねていました。

休みの日には父もレッスンを見にやってきて、25メートルを何秒で泳げるかタイムを計ってはノートにつけ、「前回は27秒、今回は26・8秒だった。どこが違ったと思う？」とか、「今日はなんで遅れるんだろうね？　上手になってるのにね」と一緒に考えてくれました。

ところが強くなるにつれ、私は水泳が大嫌いになっていきます。原因は厳しすぎる指導法にありました。習い始めたばかりの頃、息がしたくて頭を出そうとしたときに、押さえつけられた水の中での苦しい思い。「腕が曲がってる！」と、ビート板に腕を縛りつけて泳がされたときの辛さ。土日や夏休みに「何をしたい？」と両親に聞かれると、「コーチがいないプールに行きたい」と答えていたので、水泳自体は好きだったと思います。

そんな自分の本心を、私は口に出せませんでした。水泳が嫌だなんて言ったら、親を傷つけてしまう。期待し、楽しみにしてくれているのだから、がんばらなければいけない。それでも気持ちはどんどん離れていくばかりのある日、ゴーグルの中で涙がたまるぐらい悲しいことがありました。練習を終え、帰宅した私は、玄関で靴を脱ぐことすらできずに泣き出してしまったのです。

「何を泣いてるの？」と母に聞かれ、ためらったあと、意を決して告げました。

「水泳、どうしても大嫌い」

ひどいことを言ってしまった、どうしよう……。葛藤している私の前で、母はいやにすっきりした顔でこう答えたのです。

「そうなの？　それなら早く教えてくれればいいじゃない。じゃあ、次のスポーツを選びましょう」

「ええ？　ほかのスポーツを選んでもいいの？」

「いいわよ。何をやりたい？」

「テニスがいい！」

両親ともテニスをしていると言いましたが、特に母は熱心で、クラブに所属し毎日のようにプレーしていました。学校から帰ってきて母が不在だと、電車とバスを乗りついでクラブまで行き、ラケットを振る母を眺めて過ごすこともしばしばでした。

「選手としての水泳は大嫌い。だけどテニスは楽しそうだもん」

親と一緒にできるスポーツなのも良かったし、実際やってみるとおもしろくてたまらない。こうして私は小学校の途中からテニスを始め、没頭していくことになります。

母は「ほかの水泳強化選手はみんながんばっているのだから、陽子も弱音を吐かずに耐えてがんばるべき」とは一言も言いませんでした。選択をさせてくれたのです。

「ちょっと違う」存在

さて、本格的にテニスを始めるにあたっては、松岡修造さん――名字は同じですが親戚ではありません――が在籍していた桜田倶楽部など、いくつかのトップレベルのアカデミーに通いました。本格的な練習を重ねてテニスが大好きになっていた私は、神奈川県藤沢市にあったニック・ボロテリー・テニスアカデミーに入ることになります。本校は米フロリダにあり、アンドレ・アガシ、マリア・シャラポワ、錦織圭などを輩出している名門クラブです。

ボロテリー・アカデミーは子どもながらに特別なところに思えました。球出し練習で列に並んでいる間も絶えず足を動かしていないと怒られ、ボールを拾うときには「30秒！」とコーチから声が飛びます。間に合わなければ罰みたいに走らされるのです。でも、厳しいだけではなく、子どもたちの能力を本気で伸ばそうとする指導姿勢でした。生徒もみな真剣で、私も「ここが自分を一番伸ばしてもらえる！」と感じました。

将来プロテニス選手をめざす子たちのコミュニティーの中にいて、私も自然とプロをめざすようになりました。それ自体はそんなにユニークなことではありません。ただ、都心から離れた藤沢に行くまでの行動がほかの人とはちょっと違ったようです。

学校は田園調布にある雙葉でしたが、ボロテリー・アカデミーまでは当時の電車で1時間半、そこからさらにバスに乗り、片道2時間以上かかりました。

「テニスは絶対に休みたくない」

授業は3時45分に終わりますが、雙葉はキリスト教の学校らしく、1日の最後に「今日のおしまいのお話」を聞くならわしで、そのあと机を下げて掃除をします。テニスの練習開始は5時30分。そんなことをしていたら間に合わない！

まず、掃除係になった日は友だちに代わってもらうようにしました。「お話」が終わって日直が「礼！」と言った瞬間に机をガッと下げたら叱られたので、次からは机を下げるのも省略。「礼」で先生もみんなも頭を下げている間に、教室をすっと抜け出すことにしました。みんなが頭を上げたときに、私はもういません。

公文が楽しいスヌーピー博士

4分後の電車に乗らないと間に合わないので、校門から東急線の九品仏駅までフルスピードで走って行きます。ランドセルをカタカタいわせながらテニスバッグとラケットを抱えて商店街を疾走し、踏切が開いたやいなや駅に駆け込み、電車に飛び乗る。毎日同じ時間に駆け抜けていく私の姿は、いつしか商店街の人たちや駅員さんたちの間で有名になったようです。車掌さんに「来ると思ったから、ドア、開けておいてあげたよ」とこっそりささやかれるなんてこともありました。

二子玉川駅で急行に乗り換えたら、今度は宿題タイムです。混んでいたら立ったまま前の人に「ちょっとすみません、背中借りていいですか」。大人の背中は、教科書を広げるのにまことに具合がいいのです。ぎゅうぎゅうで身動きが取れないときは「ランドセルから鉛筆出してもらえませんか」と、うしろの大人に頼んだりして。なんと勝手な子どもだろうと、振り返ると笑ってしまうのですが、限られた時間でテニスをし、学校の勉強も支障をきたさないようにするための、小学生なりに編み出した「制約下での最適化」でした。この最適化というテーマについてはあとで取り上げます。

今でも会社でいくつもの会議をこなし、車で帰宅中は電話会議をし……と、スケジュールをめいっぱい詰め込んでいますが、何のことはない、子どもの頃と同じやり方を続けているだけなのです。

ちなみに、「勉強はしっかりしないといけない」というのは親からのプレッシャーというより、自分で決めたことでした。友だちはみんな当然のように塾に行っていて、学校にも塾や公文の宿題を持ってくる子がめずらしくありません。そんな中、私の放課後はとにかくテニス。それ以前も水泳かピアノ、親のテニスクラブの見学という具合でした。

両親は娘の勉強をさほど重視していなかったようです。「公文をやってみたい」とお願いしたこともありますが、「いらないでしょう」とそっけない返事でした。

あるとき、友だちが持ってきた公文の宿題があまりにもおもしろそうだったので、「やっていい？」と聞いてみたら、「もちろん」という返事。休み時間に始めてみると、するする解けるのが快感でした。やがて、「私のぶんもお願い」とつぎつぎ頼まれるようになります。こうして私は、念願の公文を自力で手に入れたのです。

休み時間になると私の机にはどんどん公文の山ができて、1日に40問ほどこなすようになりました。「これはわからない」という難問は、みんな私のところに持ってくるようにもなり、いつしか「スヌーピー博士」というニックネームがつきました。スヌーピーはこの頃も大好きでした（そして今も！）。

「この魚は食べられる？」

水泳をやめたいと言った私に、母はテニスという大きな選択をさせてくれたわけですが、父も私に「自分で選ぶ練習」をさせてくれました。

といっても、ごくたわいもないことです。家の近くにサーティワンアイスクリームの店があり、会社帰りの父がときどきお土産に買ってきてくれるのが楽しみでした。でも、3人家族なのに、箱の中のアイスクリームは決まって4つ入っています。

「チョコレート、キャラメル、ストロベリー、バニラ。さあ分けよう。陽子、このナイフで切ってごらん」

私が4種類それぞれを、できるだけ同じ大きさになるように3つに切り分けると、1人1片ずつ、順番で選んでいきます。自分の番が回ってきたら、最初にどれを選べば、大好きなチョコレート、しかも一番大きいのが取れるだろう？　ここはいつも真剣でした。母は4人きょうだい、父は3人きょうだいでしたから、「こういうところで、きょうだいは喧嘩をするんだよ」と教えようとしていたのかもしれません。

夏休みを過ごした下田でも、自分で選ぶ練習がありました。アドベンチャー好きな父は、午後になると必ず「夜ごはんを捕ってくるね」と海に出かけて行きました。

父が得意とするのは、素潜りで魚を突くスピアフィッシングです。まだ規制もない、のんびりした昭和の時代。大きな魚やタコもしょっちゅう捕れましたし、「ウツボをつかまえた！」と走って戻ってくることもありました。残念ながら不漁のときは、岩に潜んでいるサザエやシッタカのような貝になりましたが、父は必ず何かしら持って帰ってきました。

一方の私はどんな大漁の日でも、「すごいね！」とただ喜んではいられません。

「これが食べられるかどうか決めてね。陽子の責任だよ」

そう命じられていたからです。

まだピクピクと動いているような魚を皿に載せて、図鑑で調べるのが私の役目でした。見たことのないような魚だったり、似た魚がいっぱいあってどれかわからなかったり、本当に難しかった。

「これかな。いや、これかな？」と丹念に調べていき、それらしい写真を見つけると「マルショクかどうか」をチェックします。図鑑には魚の名前や生態の説明とともに、食べられるものには食という漢字を○で囲んだマークがついていたのです。

「マルショクだよ！　これは小さいけど絶対に鯛だから、お刺身で食べよう」

　こんなふうに自信を持って言える魚ばかりならいいのですが、日によってはあやしい魚もたくさんあります。

「見たことないけど、ちょっとマルショクに似てる、たぶんマルショクかな……」

「それならどう食べる？」

　両親は口出しせず、調理法も決めさせてくれるので、再び考えます。

「これは油で揚げるか、しっかり焼いたほうがいいかも」

　食卓に並べたものの、かなり冒険じゃないかという魚は、まず父が「いただきます」とパクリ。それで具合が悪くならなかったら、おもむろに母と私が食べ始めるルールでした。あやしい魚だったのに「カリッと揚がって、中がぷりぷりしておいしい！」というときは誇らしかったものです。

「これはお刺身にしても、焼いても文句なくおいしい」という魚ばかりではない。骨だらけだったり、毒かもしれなかったり……制約やリスクがある中で、調理方法を最適化していく。今思えば、これもまさしく選択と、その選択に責任を取る練習でした。

人と違うことへの苦悩

さて、本章のテーマに戻りましょう。「人と違うところを大切にする」。口でそう言うのは簡単ですが、実際にはもちろん大変なこともあります。私も苦労しました。

　本当はみんなと同じでいたかったというエピソードはいくらでもあります。

たとえばお弁当。クラスの友だちはみんな、お弁当がとにかくかわいいのです。小さなおにぎりに、きれいにカットされている人参とソーセージ。しかし私のお弁当はなぜか全然違うものでした。母がフランス料理とイタリア料理のレッスンを受けていた頃、私のお弁当は昨晩の夕飯の残り物でした。しかもお世辞にも見栄えがいいとはいえないシチューなどで、通学中にランドセルの中でお弁当箱が傾いて、端っこにグジュッと寄ってしまっているのです（味は格別においしいのですが）。今思えば小さなことでも、当時の私はみんなと同じにしたいのに「なぜかみんなと違う」という気持ちでした。

　私が通った学校は特に「みんな同じ」という文化が強かったように思います。こんなエピソードもありました。中学生になったぐらいのときでしょうか。クラスが全員、外で木の絵を描く授業がありました。私はみんなと同じ木を描くのが嫌だったので、校庭の反対側の最も遠い木のところまで走って行ったのです。授業時間は1時間半。1時間ほどその木の描写を楽しんでから時間になったので教室へ戻って行きました。すると先生がカンカンに怒っているではありませんか。

「ほかのみんなは同じ木を描いたのに、なぜあなたはどこか別のところに行ったのですか？」

振り返ってみると、こういうことの連続だったような気がします。両親は必ず「みんなと違っていても自分がやりたいことをやるべきだ」と擁護してくれましたが、私はみんなと違うことに憤りを感じていました。

のちに私が渡米し、英語がまったく話せない頃に取った行動は「みんなと違う」状態からいかに抜け出すかということへの対応だったとも思えます。新しい自分のキャラクターをつくってしまったのです。でもその話は少しあとにします。

生まれ育った環境、外見や才能……読者のみなさんも、多かれ少なかれ「みんなと違う」と悩んだ経験をされたことがあるでしょう。葛藤する中で「みんなと違う自分でいていいのか」という疑問が湧いてくることもあるでしょう。

ただ、煩悶を繰り返すうちに、いつか「ほかの人と違っていても、本当の自分でいてかまわないのだ」と気づくはずです。私もそうなるまでには、かなり時間がかかりました。ただ、人と違っていていいということがいったんわかると、次章のテーマである「のめり込めるもの」を見つけやすくなるような気がします。

父も母も成績には関心がなかったけれど、「人に親切にしなさい、困った人は助けなさい」とよく口にしていました。

私がまだ小さかった頃、大きな子どもたちが小さな子をいじめているのを目の当たりにして、実際に救援に入ってその大きな子どもに向かって石を投げたこともあるのを覚えています。みんなと一緒でなくてはいけないなら逆にいじめる側に回ってしまうかもしれませんが、みんなと違っていても良いと親から常日頃言われていたので、そういう自分でも大丈夫だと思えるようになったようです。

第2章

のめり込むから基盤ができる

build a flexible and deep foundation from following passion

テニスは私の情熱

勉強でもスポーツでも、人は何かにのめり込むとその分野のスキルや知識、経験を得ることができます。それらはあなたの「基盤」となり、別のフィールドでも大いに役立ってくれるはずです。人生の次のチャプターへの選択肢も大きく広げてくれることでしょう。スキルや知識は「道具」、基盤は「道具箱」と言い換えられるかもしれません。

私の場合はテニスが何よりも好きで、私のパッションといえるものでした。16歳で渡米して1年たった頃も、プロへの道しか見えていませんでした。

「このまま米国で過ごしたい」

夏休みに帰国し、こう言い出した私に両親は慌てたようでした。1年間みっちりテニスを学んだあとは、日本に戻すつもりだったのだと思います。

このときはフロリダのボロテリー・アカデミーに所属しながら、地元の公立高校に通っていました。両親はこの公立校の教育レベルに不安も抱いていたようです。

「米国にずっといたいなら条件がある。しっかりした学校に行きなさい」

父と一緒に米国の高校について改めて調べ、いろいろ応募した結果、カリフォルニアのサンタバーバラから少し内陸にあるDunn Schoolという、学生寮が備わった学校に行くことになりました。Dunn Schoolはボーディングスクールとしては名門らしいのですが、当時の私はテニスのことしか考えていなかったので、あまり気にしていませんでした。親のほうはテニスの道を応援しつつも、のちのち選択肢の多い学校を考えてくれたようです。

大学はＵＣバークレーに進学しました。日本ではＵＣＬＡ（カリフォルニア大学ロサンゼルス校）のほうが有名ですが、ＵＣバークレーはアカデミックなランキングではつねに世界トップレベルにある大学で、ノーベル賞受賞者の数は車で40分ほど行ったところにあるスタンフォード大学を上回っています。

私が通っていた頃のＵＣバークレーは、テニスでも全米4位の強豪でした。現在のプロテニス選手たちは、高校からすぐプロとなる人が大多数ですが、当時は大学に進学しその後プロに転じる人も結構いました。

私はUCバークレーでテニスに打ち込みました。とはいえあくまで大学生ですから、勉強もおろそかにはできません。米国の大学は特定の学部に入学するのではなく、最初の2年間でいろいろな授業を取り、3年生になるまでに専攻を決めることが一般的です。

「数学が好きだから、数学をやりたい」

私はそう決めました。公文が好きだったことはお話ししましたが、学校の算数も数学もずっと得意科目でした。UCバークレーでも数学の教授に評価されたらしく、時給12ドルでティーチング・アシスタント（授業の進行やほかの学生の教育を手伝う役割）をしていました。そのうち学生から「個別指導してよ」と頼まれるようになり、そちらは時給50ドル！　教えるのがうまいと噂が広まり、クライアントはどんどん増え、結構なお小遣い稼ぎになりました。まるで〝有料のスヌーピー博士〟ですね。

ところが、母に数学を専攻したいと連絡すると「数学を専攻したら、将来どんな仕事をすることになるか調べなさい」と言います。私は「将来はプロのテニス選手になると決まっているのだから、そんな面倒くさいことは調べなくてもいいじゃない」と思い、専攻は数学にしようと内心決めていました。

そうこうしているうちに、大きな転機が訪れます。

プロテニス選手をあきらめる

テニス選手としての私は繰り返しケガに悩まされていました。そのたびにギプスをはめ、2カ月は練習できません。まだ10代なのに、膝や足首、あらゆる関節がダメージを受けていました。

ケガで休むとトーナメントに出場できないのでランキングは下がってしまいます。復帰したらまた下から一生懸命はい上がっていくのですが、またケガをして逆戻り……。プロになること以外の将来は考えていませんでしたが、「プロテニス選手になれないこともあるかもしれない」と、ようやくわかってきました。

母からも「テニスの世界は厳しいものよ。世界ランキング1位になればすばらしいけれど、100位の人の生活を考えてみなさい」といつも言われていました。

「なんでそんなレベルの人のことを考えなくちゃいけないの？　1位じゃなくてもプロはプロなんだから、すばらしいに決まってるじゃない」

そんなふうに受け流していましたが、いざ現実に目を向けると、母の言うとおりでした。一年中、トーナメントからトーナメントへ世界中を移動し、得られる賞金はほんのわずか。そのお金を使って次のトーナメントに出ても勝てる保証はないし、コーチをつけるにも巨額の費用がかかります。家族にも友だちにも会えないし、ボーイフレンドもつくれない。学校もやめることになるでしょう。プライベートを犠牲にし、自分のすべてを注ぎ込んでも、プロ選手としての寿命は普通の仕事の寿命よりもはるかに短いのです。

ところで、私の両親の将来に対する考え方はまったく違っていました。

先の先まで考える完璧主義者の母は、何ごとも調べ上げ、細かく判断します。

「そんなことは絶対にやったらいけません。なぜならこういう理由があるからです。自分でちゃんと調べなさい」

父は母と対照的で、「何をやりたいの？　いいね、それを伸ばすならこういうやり方があるよ」というタイプです。何ごとも絵が浮かぶようにビジュアル化するのも父の特徴で、進路に迷う私にこんな話をしてくれました。

「人生はいろんな石や岩があって、ぶつかりながら行くものだと思う。僕は陽子の人生に本当に大きい岩があったら『とても大きいから気をつけて』って教えてあげるよ。でも、小さい岩や石ころならいちいち教えたりしない。お母さんは小石も全部拾う人だけどね」

私は両親のまったく違う意見のうち、自分が聞きたいことだけを聞いて成長してきました。母がいろんな小石を拾ってくれたから、楽をできた部分もたくさんあります。

その中で、選択するのは自分です。

テニスのプロをめざすか否か。ずいぶん悩みましたが、その後もケガが続き、私はプロ選手の道を断念することを決断しました。

テニスができるロボットをつくりたい！

「プロの道はない」と決め、今度は専攻について真剣に考え始めました。次につながる選択肢を増やせるものの模索です。母のアドバイスを思い出し、数学専攻の人たちの進路を調べたら、みんな研究者になっているとわかりました。

「数学は好きだけれど、学者になるほど好きじゃない」

そう思いました。そこで「数学と同様に好きで、もう少し幅広く学べそう」という理由で物理の専攻を考えました。でも、物理を学んだ人もやはり研究者になるケースが多いようです。

プロはあきらめたけれど、テニス自体をやめたわけではありません。いえ、正確にはパッションはまだテニスにありました。

「プロじゃなくても私はテニスプレーヤーなんだから、体にも関係がある生理学はどうだろう。いっそフィジカル・セラピーや栄養学は？」

思いたったが吉日、このときばかりはいまだにシャイだった自分を封印して、ありとあらゆる人に話を聞いて回りました。なぜそんなことができたのかわかりません。ただこの前、私の娘を見ていて気づきました。娘もとてもシャイで、人と話すのが苦手な子なんです。それなのに「何かしたい」となったら、いろんな人に話を聞いたり調べたりしている……。もしかしたら私も、娘と同じタイプだったのかもしれません。

とにかく、たくさんの学生や教授と話して情報をかき集めた私は、やはりテニスへのパッションを軸にした選択をすることになりました。ふと「テニスができるロボットをつくれたら楽しいな」と思いついたのです。私と互角に戦える、パートナーのようなロボット。「テニス・バディ」です。

プレーの戦略を練るくらいの能力は備えていてほしいし、こちらがちょっとくたびれているときは、ゆったり打ち合いをしてくれるような気配りがあれば最高のバディになる。ケガもしないし、疲れることもないから、えんえんとラリーができる！　数年前に公開された映画『ロボコップ』を観て、「ロボット警察官ができるなら、ロボットテニス選手ができてもいい」と思ったことも伏線にあったのかもしれません。

MITへ進学

さっそくテニス・バディの具体的なイメージを書き出して、世界のトップ研究者が揃うUCバークレーの教授たちを手当たりしだいつかまえて聞いていきました。

「こんにちは。数学と物理が好きなテニス選手です。テニスの練習相手になるロボットをつくりたいんですけど、どうすればいいでしょう?」。本書の冒頭に紹介したやりとりです。ある教授のアドバイスで、大学院生や教務課のスタッフなどさらにいろんな人に聞いて回った結果、私の進むべき分野は３つに絞られました。

・機械工学
・電気工学
・コンピューターサイエンス

どれもおもしろそうだし、テニス・バディにも関係していそうだな……。迷っていると、ある大学院生（たぶん、博士課程でした）が教えてくれました。

「機械工学の分野は今でこそ旬だけど、10年後には最先端ではなくなるかもしれないよ。それに、コンピューターサイエンスは先端分野に見えるけれど、きちんとした数学がベースになっていない。君が好きな数学を生かしたいならどうかと思うけどね。それに比べて今、急激に伸びているのは電気工学さ。今後は電気工学が最先端になるんじゃないか」

１９９０年代初めのこの頃、ロボットに関連する研究者の間では電気工学への注目が高まっていたのです。調べてみると、電気工学は機械工学と数学の両方の要素が含まれているようです。「それなら、これにしよう」と、電気工学の道を選びました。

ＵＣバークレーでは、電気工学の専攻はElectrical Engineering and Computer Sciences

（ＥＥＣＳ）という学部にありました。私はその中のControls and Systems（制御とシステム）という領域でBachelor of Science（科学学士号）を修得しました。

とはいえ、学士をとったところでテニス・バディはつくれません。まだまだ学びの途中でした。卒業後は大学院に進むことにしました。選択肢はスタンフォード、カーネギーメロン、ＭＩＴ。それぞれに魅力的でしたが、最終的にＭＩＴに決めました。

ただ、ＭＩＴには１つだけ問題がありました。ＭＩＴのあるマサチューセッツは雪が多く、冬は極寒の地となり、屋外でのテニスどころではなくなってしまうのです。屋内コートはある程度あっても、テニスをする人間にとって、太陽は何よりも大切です。

私は、ＭＩＴは博士号を取るためだけの場所と心に決めました。

「スーツケースから服も出さずにいよう。とにかく早く博士号を取って、取れたその日に明るいカリフォルニアに帰ろう！」

こうして１９９３年に大学院生活がスタートしました。

ロボット工学に熱中する日々

ＭＩＴに着いた私は、現代ＡＩ（人工知能）の父と言われるマーヴィン・ミンスキー教授のもとを訪ねました。ＡＩを使ってテニスができるロボットをつくれないかと聞いたところ、

「今のＡＩではまだできない」と言われました。ちょっとがっかりしている私に、ミンスキー教授は「ＡＩとロボット工学を研究しているロドニー・ブルックス博士のところに行ってみたらどうかね」と勧めてくれました。

ＭＩＴにはＵＣバークレーと同じ名称の Electrical Engineering and Computer Sciences（ＥＥＣＳ）という学部があり、その中にコンピューターサイエンス・ロボティクスという専門分野がありました。ロボットは機械だけではなく、それを制御するソフトウエアと掛け合わせて初めて使い物になります。そこで、ＭＩＴはコンピューターサイエンスやＡＩとロボット工学を一緒の領域としていたのです。ブルックス博士はＥＥＣＳでＡＩ研究所を担当していました。まさに、私が求めていた場所でした。

私はＡＩ研究所でロボット工学にのめり込みます。当時のＡＩとロボット工学の分野では、状況をまず数学的に表現してから、その中でロボットを動かすという高度知能型の設計思想が主流でした。しかしブルックス博士は、「最初は低度な知能でもいいから、まずはとにかく手足を動かしていくことでまわりを把握させ、学習させ、知能を上げていく」というアプローチでした。私はこのアプローチに惹かれ、テニス・バディ実現のため持てるパッションを注ぎ込みました。

思い出深いのは、2歳児程度の認知能力を備え、5歳児のように行動するヒューマノイドロボット「Ｃｏｇ（コグ）」をつくるプロジェクトに参加したことです。ほかの教授のラボがＣｏｇの足を担当し、ブルックス教授のＡＩ研究所は腰から上の部分をつくることになりました。胴体に腕と手と頭を載せ、頭には目や耳をつけていくのです。

　私はテニスに一番関係ありそうな腕と手の担当を希望し、ゼロからつくり始めました。分厚いカタログをめくって、金属材料を業者に注文し、届いた材料を自分がつくった設計図どおりに裁断し、ロボットの手の形を組み立てていきました。すべて初めての経験でしたが、意外にうまくいきました！　この章の最初に道具箱の話をしましたが、私はこのとき、自分の手を動かしてゼロからものをつくるという道具を、私の道具箱に加えました。

　さて、こうしてＡＩ研究所でロボット工学に没頭するうちに、私のパッションは「本格的なロボットアームをつくること」になっていきました。

　人間の親指はほかの哺乳類と違い、４本の指と向き合うようについています。この「母指対立」があるからものをつかんだり、道具をつくり出したりすることが可能になり、人間は進化を遂げました。もちろん、テニスラケットも親指がないと握れません。

　指も手のひらも関節もちゃんとあって、ちゃんと使えるものにしたい。ソフトウエアは全部自分でプログラミングし、チップを買ってきてボードもつくり、モーターも自分で選んだものを入れました。日々奮闘する私の背中に、ほかの院生からは「ヨーキー、そこまで細かくつくる必要があるの？」という声がかけられることもありました。でも、私は実用性を重視して突き進んでいたので、そんなことはおかまいなしです。

修士課程だけなら2年で修了することもできますが、私はロボットづくりに没頭したかったので、その先の博士課程に応募し、そのままＭＩＴで研究を続けることにしました。カリフォルニアに舞い戻るためにそのままにしていたスーツケースの鍵もとうとう開け、荷物を引っ張り出しました。

ロボットアームのためなら何でもする

世界最高の、それもテニスができるぐらいのロボットアームをつくる。そのために何が必要なのかを考えたとき、今所属している分野や組織の中にとどまる必要はありません。博士課程に進んだ私は自分が所属するＥＥＣＳだけではなく、ほかの分野、ほかの大学、そして大学外の企業にも積極的に声をかけました。その際に得た知識や経験が、私の道具箱にどんどん入っていく。自分の基盤を一気に拡大していった時期です。

この頃、民間企業での経験という新たな道具も獲得しました。大学院1年目と2年目の間の夏休みに、バレット・テクノロジー社というロボットアームを製作する会社で働いたのです。ＭＩＴで博士号を取ったウイリアム・タウンゼントが設立した会社で、実際に販売することを見据えたロボットアームの実用化を行っていました。バレット社での仕事内容は、大学での研究にも極めて役立ちましたし、それまでずっと研究の場にいた私が「実社会」を垣間見た貴重な体験でした。

ちなみに、この会社ではインターンシップではなく、フルタイムの社員として働いていました。

「ロボットをつくっている会社でインターンシップをしたい」

あるとき、ラボでこんなことを言った私に「ＭＩＴを出た僕の友だちが起業した会社がぴったりだよ」と紹介されたのがバレット社でした。ＭＩＴの近所だったのでさっそく訪ねていくと、社長のビルが顔を出しました。作業をしていたらしくラフな格好です。

「ここで働いてくれるなら大歓迎だよ。明日は土曜日だけど、明日から働いてくれない？」

「いいですよ」

「インターンシップじゃなくて、フルタイムの社員でね」

「はい」

「もう一つ悪いんだけど、会社がつぶれそうでお金がないから、給料も払えないんだけど、それでもいい？　お金ができたら全部払うから」

さすがに驚きましたが、私がほしかったのはお金でなく経験です。「かまいません」と、翌日から無給で無休の正社員としての毎日がスタートしました。

バレット社は今ではリハビリ用のロボットで知られる医療機器メーカーに成長していますが、創業間もない頃は資金繰りに困っていたようで、いろいろなクライアントにあらゆる機器を売っていました。給料が払えなくて社員がみなやめたところに登場したのが私だったようです。

「納品してもらった機械が壊れて困ってるんだよ！　早く修理に来てよ」

「わかりました！」

クレームの電話対応も修理に行くのも、私の仕事。とにかく人手がないので、初出勤日からフル稼働でした。クライアントにはトヨタ自動車向けの部品をつくる会社もあり、ビルとともに日本に出張したこともあります。

「日本企業に行くなら、ちゃんとした格好をしなきゃ」と、私にしてはめずらしくきれいな服にハイヒールで訪ねると、案内されたのは埃まみれの工場です。使い込まれた産業用ロボットが片隅に置いてあり、「さあ、修理してください」という指示でした。

工場には女性用トイレが設置されておらず、入り口の来客用化粧室まではるばる歩いて行ったり、作業中にお茶を持ってきてくれても私のぶんだけがなかったり。「ふうん、日本の会社にはこういうところもあるんだ」という経験もしました。

垣根を越えた学び

バレット社が現在も販売しているリハビリロボットは、私が初期モデルの開発に加わったものです。脳梗塞などでダメージを受けた脳は、早期のリハビリによって機能の回復が期待できることはよく知られています。それまであったニューロン（神経細胞）が失われると、ほかのニューロンがそこを補う、いわば脳の配線の再構築が行われるためです。

私が行ったのはロボットの修理やエンジニアリングのデザインを改善したり、ロボットを販売したり、手持ち資金が貯まってきたらチームを雇うことなどでした。

夏休みとはいえ、秋から始まる新学期に向けての準備もありますから、研究室にも顔を出さなくてはなりません。社員と学生の同時並行生活でしたが、いい思い出で、ビルとは今でも友人です。

民間企業での経験がきっかけとなり、ＭＩＴのビジネススクールであるSloan School of Managementで経営学の授業も受けました。いくら技術が優れていても、ビジネスとしてうまくいかなければ人々へ与えるインパクトは限定的だと思ったからです。

さらに、ＭＩＴからすぐのところにあるハーバード大学の医学部にも足を運び、神経学を学びました。ロボットアームの発展にはロボット工学とＡＩだけではなく、神経学の知識も必要だという考えからです。

医学部、ビジネススクール、ＡＩ、ロボット工学。今でこそ学際という考え方はめずらしくありませんが、当時はお互いに横のつながりがありませんでした。まわりは「なんでビジネススクールの教室にロボット専攻の学生がいるわけ？」という感じだったと思います。この頃の私はもう人と違っても大丈夫でしたので、異なるバックグラウンドの人たちに囲まれても全然気になりませんでした。それに、垣根を越えて学ぶのは目的ではなく、ロボットアーム実現のための手段でしたから。同時並行でいろいろやったため、物事の優先順位をつけたり、最重要ではないことを手放したり、最終的にはどうすれば自分のケアもできるのかということを学びました。これらについては後ほど詳しくお話しします。

さまざまな分野での学びを自分の道具箱に加えるという選択は、私の後の研究者キャリアを支え、人生を大きく変えたマッカーサー賞の受賞へとつながっていったのです。これについては次の第3章で詳しくご紹介しましょう。

テニス・バディから人を助けるロボットへ

MITでロボットアームづくりにのめり込んでいくうちに、私のパッションはミッションへと変わっていきました。少し言い方を変えると、パッションを通してミッションを発見していったのです。

どういうことかというと、神経学とロボットを掛け合わせることで、困っている人たちを助けられるという新しい世界が見えてきたのです。それまでは自分のためにテニス・バディをつくりたいというパッションが原動力だったわけですが、研究を深掘りしていくにつれて、ロボットアームを実装すれば、手を失った人や、手や腕を動かせなくなった人たちが健常者に近い生活を送れる可能性が見えてきたのです。

事故や病気で腕を失った人が再び自分の手（義手）を使って食事ができる。両腕を失っても毎日の生活において人に頼らずに自分でできることが格段に増やせる。ただ機械的な動きをする義手ではなく、神経学で学んだことを通じて発展させれば、脳内で意図しただけで動かせるようになる――。困っている人にテクノロジーで貢献する可能性に興奮すると同時に、今までの自分に嫌気が差しました。

「私はなんて幼稚で自分勝手だったんだろう。世界には自分の体を動かせずに困っていたり、体や脳や神経の発達がほかの人とは異なるために通常の学習ができなかったりする人が10億人もいるというのに」

足の障がいには車椅子があり、車椅子を使う人のための自動車といったテクノロジーもいくつかできています。一方、手と腕の機能を失った人を助けるものは、ほとんどありません。この技術で人を助けるんだ。のめり込むための目的が変わっていきました。

指導教官がいない！

１９９８年の秋に博士号を修得した私の次の選択肢は、ハーバード大学でのポスドク

（Postdoctoral Researcher：博士研究員）でした。ここでも、その後の私の基盤となる大事なスキルを身につける機会に恵まれました。

私がＭＩＴで博士号を修得するための論文は、人間の脳の計算モデルに関するものでした。卒業のタイミングが近づいてくると、指導教官が進路相談に乗ってくれます。スタートアップ、教授、研究者、そのどれもおもしろそうだったのですが、私はもっと自分の基盤を強いものにしたいと思っていました。もっといろいろなものを自分でつくれるようなスキルと知識がほしかったのです。

そこでポスドクに進むことにしました。いろいろな大学のポスドク職を調べて応募しましたが、結局、ハーバード大学のDivision of Engineering and Applied Sciences（工学、応用科学部。当時）に決めました。生物学をベースにして人を助けるためのロボットをつくるラボがあったのが決め手です。

博士号を修得してすぐにハーバードに足を踏み入れた私は突然、驚くほど幅広い選択肢に直面しました。というのも、ラボのリーダーで私の指導教官でもあるロバート・ハウ教授が、ちょうどそのタイミングでサバティカルに出てしまったのです。

サバティカルとは教授が数年に一度、1年間ほど大学の外で研究活動やそのほかの活動が行える期間です。多くの教授は別の大学や政府機関、民間企業などに行ってしまい、大学を留守にします。教授の横のつながりを強化し、新しい研究パートナーや政府機関と産学連携を行ったりする良い制度なのですが、入れ替わりのタイミングで彼のラボに着任した私は、指導教官がいない宙ぶらりんの状態にいきなり放り込まれてしまったのでした。

初めて自分の研究所を立ち上げる

ハウ教授は、
「ヨーキーの好きにしていいよ」
と言います。自分がここハーバードで何がしたいのか、何をするのか、早急に考えなくてはなりません。

いろいろな研究プロジェクトやほかのラボを覗いて、一番おもしろそうだったのは、職場のケガなどでリハビリが必要な人たちを手助けするようなロボットのプロジェクトでした。ハウ教授の研究分野が間違いなく貢献する分野でしたが、彼の研究室でまだ行われていないプロジェクトでもありました。それをハウ教授に伝えると、「おもしろそうだね。でも研究資金は自分で調達してね」。

さあ、やるべきことははっきりしました。のめり込みたいことをするには自分で資金を集めなくてはいけないということです。私は、米保険会社大手の Liberty Mutual 社からグラント（研究資金）をもらってプロジェクトを進めることになりました。

米国では大学の教授や研究者は、研究にかかる費用を自分で獲得しなくてはなりません。大学内部から降ってくる予算も多少あることはありますが、本格的にプロジェクトを進めようと思うと外部資金が重要です。政府からの資金、民間からの資金、財団からの資金などを、ほかの研究者と競争しながら獲得していく必要があります。いってみればアントレプレナーの素質もないといけないということです。

一方、まだ教授ではないポスドクは、どこかの教授のラボから与えられた給料に研究予算を足してプロジェクトに参加する形が普通です。私はポスドクの立場で一足先に資金獲得の経験をすることになったわけです（というか、せざるをえなかった！）。この経験はその後、自分の研究を企業に売り込んで予算を獲得する道具となりました。

資金を得た私は、ハウ教授の研究室の中に自分のミニ研究室を立ち上げるような形で学生を雇い、プロジェクトを進めていきました。

もちろん、ハウ教授は私を完全に放置したわけではありませんでした。最初は彼の勧めで、すでに進んでいた手術用ロボットハンドのプロジェクトにも携わりました（そのときに書いた学術論文は今でも私の学術論文では引用数が最も多いものの一つです）。そのままハウ教授の帰りを待つ手もありましたが、私は人助けの領域に早く携わりたかったので、自分で早々に〝半独立〟する道を選んだのです。

プレゼン力を叩き込まれる

ハーバードでは、それまで苦手だった人前でのプレゼンテーションやスピーチのスキルもとことん身につけさせられました。これものちに役立つ大事な基盤となりました。

教授が1年間サバティカルでいない間、実質的には彼の授業を任された形となりました。前もお話ししましたが、私はもともとシャイで、大勢の人前で話すのは好きでもなければ、得意でもありませんでした。ただ、毎週何度も大勢の前でレクチャーをするようになると、嫌でも慣れてきます。

この頃、私のパッションである「人を助けるためのロボット工学」を進めるために避けて通れない門が目の前にありました。ジョブトークです。

米国では、教授に採用されようと思う人は、いろいろな大学を回ってセミナーを行う必要があります。就職活動の一環という感じですね。ジョブトークには、採用する学部の教授や博士課程の学生、研究者や、場合によっては一般の学生や大学関係者も招きます。会場の人たちを引き込むような話をしながら、採用されたい学部の中の専門分野が違う人たちにも、いかに自分の研究がすばらしいのかをアピールしなくてはいけません。特に、採用を決定するコアメンバーを魅了する必要があります。しかも、ときに的外れな質問をしてくる専門分野以外の人の質問をさばかなくてはなりません。

　秋の採用シーズンになり、博士課程の学生やポスドクはジョブトーク向けの練習を始めていましたが、私はそもそも大学の教授になりたいのかどうかもはっきりしていませんでした。指導教官からはこう言われました。

「ヨーキー、もしあなたがこの先も研究をしたいなら、教授にならなきゃいけない」

「私のしたいのは研究で、教授にはあまり興味がないんですけど」

「それは違いますよ。自分の裁量で好きな研究をするには、教授のポジションが不可欠です」

　米国の大学では教授というポジションが偉く、テニュアという終身雇用を得られ、教授会でも発言権があります。さらには研究の自由度が高く、資金を集めて自分のビジョンに沿ったラボなどがつくれます。その代わり、授業も教えなくてはいけないし、大学運営にも携わらなくてはいけない。Research Scientist（研究科学者）といった研究者のポジションもありますが、教授に比べて裁量が小さく、教授のラボに付属した形での雇用が一般的です。つまり、自由度が教授に比べて低いのです。

　私のように既存の分野の壁を越えて研究を進めようとする人には、誰かの研究を手伝うよりも、自分でテーマを決めて研究したほうがいい。それには教授になるのがベストのようでした。

「よし、私もジョブトークの練習をしよう」

手始めに、練習セミナーとして、学生や教授を集めた講演を学内で行いました。自分としては精一杯がんばって講演を終えると、ハウ教授は言いました。

「こういうのは、あまり才能がないかもしれないね」

帰って泣きました。これまで相当の数の授業をこなし、人前で話すのにも少しは慣れたと思っていたのに、求められるレベルがまったく違ったのです。

「ヨーキー、あなたは棒みたいだ」

かなり傷つき、もうやめたいと思ったけれど、教授は一生懸命育ててくれようとしていますし、すでに次のジョブトークの日程も決まっています。すぐに「人前で話す特訓」を始めました。

教授は大きな紙に赤ペンでだめなところをつぎつぎと書き出しました。

「ヨーキー、あなたは棒みたいだ」

「ジェスチャーは大きく。恥ずかしいから小さくなるんじゃなくて、両手を広げて大きく」

指摘を受けるたびに、自分ほどだめな人間はいないと落ち込み、もう大学教授になんかなるものかと思いました。でも研究をするためには教授にならなくてはいけなくて、これを突破しないと良い大学の教授にはなれない。

パッションとしてのめり込んでいた研究の道を進むには、人前で話すという道具を獲得する必要があることはわかっていたのです。

5回目の練習セミナーを終え、

「もう大丈夫。準備ＯＫだよ」

こう言われても私はまったく自信がありませんでした。

「どうしようもない私のレベルで、これ以上準備しても無駄という意味でしょ」

そんなふうに解釈して落ち込んでいました。

ところが、いざ大学を回ってジョブトークをすると、不思議なことにほぼすべてのオーディエンスにほめられるではありませんか！　きちんとは覚えていませんが、東から西まで20校近くの大学で話したはずです。

「今までで一番おもしろいジョブトークのセミナーだったよ」

そう言われてもにわかには信じられません。かわいそうにと同情して、そんなことを言ってるんじゃないの？

でも結果がついてきました。ジョブトークを行ったところから教授採用のオファーがどんどんやってきました。これも正確な数は覚えていませんが、ほぼすべての大学から教授職のオファーをもらったはずです。

みな陰で猛練習している

米国はプレゼン王国です。アップルやグーグル、マイクロソフトといった大企業が行う、大規模なメディア向けイベントは有名ですね。何千人も入るような巨大な会場のステージで新製品や新戦略の発表を行い、その内容に全世界が注目します。あるいは、人々を魅了する「TEDトーク」を見たことがある読者も多いと思います。

こういった場で壇上に立つプレゼンターは、みな肩の力が抜けたようすで巧みに話し、気の利いたジョークをふっと漏らしたりします。これは実はすべてシナリオがあり、舞台稽古のように何度も練習されているのです。グーグルやアップルでは、イベントのためにトップの幹部たちが2週間にわたって毎日2時間も練習をします。専属のコーチがついた特訓です。

「手を広げた大きなジェスチャーはいいんだけど、そのときの指が開いているよ。指は開かないこと！」

「『特徴が3つある』と言うときには、3本の指を立てて1本ずつ数えて。手は胸元に置くんじゃだめだ。腕を伸ばして体から手を離して！　大きなジェスチャーで指を1本1本数えていくんだ」

こんなふうに事細かにコーチングを受けているのです。カメラの前にある台本を暗記して、あたかも自然にしゃべっているように見せられるまで練習は終わりません。今でもグーグルCEOのサンダー・ピチャイのプレゼンを見ると、「あのジェスチャーはあのとき、一生懸命訓練したものだ」と、笑ってしまうときがあります。

私もこのトレーニングを受け、サンダーと同じ壇上で大勢のオーディエンスに向かって、大きなアイデアを伝えることができるようになりました。

私の場合、本来、台本のようなものを暗記するのは大の苦手です。その日にしゃべりたいメインアイデアを箇条書きにして覚えて、それを軸に自分なりの表現で自由に話すやり方のほうが得意です。でも、そうはいっていられません。

特に苦手だったのはジェスチャーです。

「恥ずかしいと思って、小さくならないこと。大きいことを言うときは手を広げて」

コーチからはジェスチャーだけを念入りに練習するように言われたものです。

人にはそれぞれ得意、不得意があるけれども、練習を重ねて基盤をつくっているのです。

日本企業の社長や役員が原稿を棒読みしていることがありますが、このようなプレゼンを練習する機会がなかったのでしょうし、その重要性を会社、あるいは社会として学んでいないからではないでしょうか。

第2章のまとめ

本章ではのめり込めるものと、選択肢を広げてくれる自らの基盤＝道具箱について紹介しました。本章で述べてきたことに加えて、いくつか読者に伝えたいポイントをまとめます。

●のめり込めるもののためには、そのほかのことを効率化できる

何かにのめり込むには、そのほかのいろいろなことを効率化しなくては十分な時間が確保できません。努力する量を増やせばいいというものではありません。がんばるだけだといずれ容量オーバーになり、体を壊してしまうリスクが高まり、結局のめり込みたいことができなくなってしまうことになります。そこで、いかに効率よく物事をこなしていくかが大事になってきます。「効率化できるものは徹底的に効率化するスキル」を自分の道具箱に入れてください。効率化というスキルは、選択肢も広めてくれます。

●基盤があれば新しい方向への選択がしやすくなる

自分の基盤となるスキルや経験は、「今」必要なものであることが大切です。いずれ何らかの役に立つかもしれないという漠然としたものではなく、のめり込んでいるものに対して

必要なものであるべきです。自分の道具箱に入っているスキルや経験が多くて深いほうが、新しい自分の人生のチャプターへのページをめくるときに、選択肢を増やしてくれます。

●基盤をつくるという選択そのものが新しい方向性にもなる

自分の基盤を強化するという活動は意図的に行えるものです。むしろ、自分の基盤を強化して道具箱にいろいろなものを入れるということ自体が一つの選択であり、その選択が新しい方向性を導き出すこともあります。

●パッションがあれば自分はほかの人とちょっと違うと感じても大丈夫

のめり込むものを見つければ、自分がほかの人とちょっと違うと感じても大丈夫、という気になります。のめり込んでいることに情熱を注いでいるので、まわりを必要以上に気にしなくてはいけないというプレッシャーから解放されます。もちろん、ある程度はまわりとうまくやっていかないと難しいことは多いので、まわりを無視すればいいという意味ではありません。まわりと違っていても、自分がのめり込めるものが優先されるので、そこまでは気にならなくなり、気が楽になるのです。心に余裕ができると、自分に素直になれ、のめり込むことの喜びと充実感をさらに味わうことができます。

●パッションがあれば無理そうなことでも突破できる

のめり込んでいることをもっと続けたいと思うと、難しい局面や課題に直面しても、突破できるようになります。私の場合、4人の子どもを3度にわたって産んだとき、どの職場においても育児休暇どころか産前・産後休暇の制度すらありませんでした。詳しくは第4章で述べますが、私が所属した組織では、誰かが妊娠するという前例がないところばかりだったのです。女性の場合、妊娠・出産するタイミングでキャリアをあきらめる人は少なくありません。のめり込みたいことを選択肢から外してしまうのです。私が子どもを4人も育てながら第一線でキャリアを進めていけたのは、そのときのめり込んでいたことに対するパッションがあったからです。パッションがあれば、難しすぎそうだからとあきらめる必要はありません。突破するという選択はあるのです。

●世の中がどんな方向に向かっても通用しそうな基盤をつくる

自分が今使えるスキルや経験は、世の中がどういう方向に向かっているのかを見ながら、ある程度、戦略性を持ってつくるのがベストです。私が、そのときは旬であってもそろそろ次の時代に移りつつあった機械工学ではなくて、これから成長が見込める電気工学とコンピューターサイエンスを選んだのはこのためです。いろいろな人に話を聞いて方向性を知ることが大事です。

●のめり込めるものは変わっていい

何かにのめり込んだらそれを一生続けなくてはいけないということではまったくありません。変えてもいいのです。私のパッションはテニス・バディをつくるというものから、人を助けるロボットに変わっていきました。そして次の章で述べる、私の人生の大きな転換点となったマッカーサー賞を受賞したときの研究は当時のパッションでしたが、今の私のパッションではありません。「今、やっていることを5年後、興味を失わず、つまらないと思えずに続けられると思いますか？」。これをガイドに次のチャプターを考えてもいいかもしれません。

第3章

ミッション・ドリブンという生き方

mission driven purpose must drive everything

研究か起業か

「テクノロジーを使って、人を『なりたい自分』にする」

これが今の私のミッション。使命です。このミッションこそ私を動かし続ける原動力であり、このミッションこそ、私が毎朝、起きる理由です。子どもたちとの時間を割いてまでがんばれるのは、このミッションがあるからです。

ミッションを原動力にし、その軸で判断していくこと、これを「ミッション・ドリブン」といいます。

たとえば私の場合、実際に今していることが人助けになっているか、つねに照らし合わせるようにしています。日々の忙しさにおぼれたり、仕事と家庭の間のやりくりでまわりを見失いそうになったりしたときに、自分を問いただすことができます。

ＡＩとロボットをつくっていくうちに、私のパッションが自分自身のためのテニス・バディから、困っている人を助けられるロボットに移っていったのは前の章で述べたとおりです。自分の研究所を持ち、先端技術を開発していく中で、私は実際に商品をつくって発売してみたくなりました。そのほうが世の中に早く普及しますから。

例のジョブトークの成果で、大学の教授職のオファーはたくさんもらっていました。一方で、起業も考えていました。学生時代の友人知人は当たり前のように起業しています。

「教授になって研究も続けたほうがいいのだろうか？　どうしよう？」

迷った私は、慎重に選択肢について知識をつけようと思いました。まずは調査と情報集めです。リハビリロボットをつくっている会社をしらみつぶしに調べたり、実際に見学しに行ったりしました。

しだいにわかってきたのは、どの会社もまだ「困っている人たちが使えるロボットをどんどんつくる」という段階に達していないということ。いろんな意味で技術が追いついていないのです。慌てて起業してもまだ実現できない気がしてきました。

では、研究をあと10年ぐらい続けて機をうかがったほうがいいのか。その間に技術が急速に発達して起業の機会を逃さないだろうか――。なかなか難しい選択でした。唯一はっきりしているのは、私には「困っている人をテクノロジーで助けたい」というミッションがあり、それを果たさなければいけないということです。

「ビジネスと研究、両方やればいい。でも、どうしたらいい？」

まわりにそう話していると、ある人からこんなアドバイスをもらいました。

「いったんビジネスの世界に出て、学術論文を書かない生活になると、そこから再びトップ大学の先端を行く教授になるのは難しいよ」

学術論文をコンスタントに出していくには、実業界では使わない理論を研究し、企業ではそう簡単に集まらないような大学院生やポスドクの頭脳をラボに集めて研究に没頭させることが必要です。いったんビジネスの世界に入り、そこで得た経験がアカデミズムに戻るときの武器になればいいのですが、現実はそうではない。それなりの大学での職は得られるかもしれませんが、トップ大学で最先端研究ができる教授職にはなかなか就けないという話でした。

「ただし、逆は簡単。教授をやめてビジネスを始める教授はいくらでもいるよ」

それならわかりやすい話です。順番としてはまず教授がいい。教授をやりながら研究を深めよう。私は、カーネギーメロン大学コンピューターサイエンス部のロボティクス研究所から来ていた准教授職のオファーを受けることにしました。

ニューロボティクス・ラボ

研究を続けることにした私がやるべきことは明確でした。障がいがあったり、病気やケガの後遺症で苦しんだりしている10億人の人たちを助けるロボットをつくるためには、電気工学と機械工学を組み合わせたロボット工学だけでなく、さらに神経科学も組み合わせたほうが絶対にいいということもわかっていました。

「私がめざす道は、各分野の壁を打ち破って融合させた『Neuroscience（神経科学）＋Robotics（ロボット工学）＝Neurobotics（ニューロボティクス）』という新しい分野なんだ」

私はカーネギーメロン大学で、複数の分野をまたぐ研究室、ニューロボティクス・ラボをつくることになるのです。

カーネギーメロンでは、研究と授業の両方が私の仕事でしたが、教えるほうは極力減らし、研究の比重を多くしたいと考えていました。実はＮＳＦ（National Science Foundation：米国国立科学財団）など外部から研究費を多くもらえれば、それも可能なのです。研究費の一部を学部に納めると、たとえば本来なら1学期に3コマ担当しなければいけない授業が1コマで済むというシステムになっていましたから。

研究費獲得のために論文をいろいろ書いて、さまざまな学会や大学でプレゼンしました。

たとえば指の動きを司る大脳皮質の運動野から出る電気信号を分析し、コンピューターで再現して手を動かす仕組みをつくる――という論文などです。

　誤解のないように言っておくと、私は別に教えることが嫌いだったわけではありません。しかもカーネギーメロンからは、今までその学部で教えられてきた授業だけではなく、自分で新しい授業をつくってもいいとも言われていました。

「あなたの研究は、本当に興味深い。せっかくだから、脳神経科学と工学が重なるような新しいクラスをつくって、学部生にも教えてください」

　私としても望むところでしたが、それはすなわち資料から何から本当に一からつくらなければならないということを意味します。1時間半たっぷり講義できるだけの内容を吟味し、学生がテクニカルなスキルもきちんと身につけられるような、やさしすぎず難しすぎない宿題や課題も山のように用意しなければなりません。

　私は何かしようと思ったときに慎重に調べるのは好きですが、細かい準備は大の苦手です。ギリギリまで何もやらず、いよいよ明日は講義の日だというのに面倒くさくてたまらず、日中はほかの研究をしたり、時間があけばテニスをしたり、なんてことも……。夕食を食べ終えてもやる気が出ず、夜も11時を回り「さあ、そろそろ寝ましょう」という時間になってからようやく取り掛かるという調子でした。カーネギーメロンがあるピッツバーグは東海岸でも特に寒さが厳しいところですので、できるかぎり楽で温かい服を着て、頭のエンジンをかけ、なんとか朝までに間に合わせるのがいつものパターンでした。

講義はいつもカジュアルにやりました。学生たちにモチベーションを与えつつ、難しいテクニカルな内容でも楽しく学んでいけるような雰囲気をつくろうとしていたつもりです。「みんな忙しくて疲れてるから、こんな暖かい部屋で話を聞いていたら寝ちゃうかもしれないですね。だから『ここだけはちゃんと覚えていて』という話から先に始めます」

そんなふうに最初に大切なことを伝えたら、「はい、今日言いたいことはかなり話せました。さあ、みなさん、寝ていいですよ！」なんて言ってみたりして。

そうはいっても起きていてほしいから、ジョークもよく飛ばしました。私は言葉よりも動作を伴うフィジカルジョークのほうが得意でした。チョークがポキッと折れたら、うっかり飛ばしたふりで寝ている学生に命中させて「Ｓｏｒｒｙ！」と叫ぶ。あるいは、キャンディをいつもポケットいっぱいに詰め込んでおいて、いい答えをした学生がいたら「Good answer!」と1粒投げる。こんなふうに、エンターテインメントを加えながら教えていました。

講義はなかなか評判が良く、学生たちには「ヨーキーのクラスは居心地がいい」というコメントをもらっていました（もちろん、内容は結構難しいので、課題などにはかなりがんばってもらいましたけれど）。

テクニカルになりがちなコンピューターサイエンスや機械工学の授業で、単に知識を教えるのではなく、「将来はこんな世界をつくりたいよね」というビッグピクチャーを学生に伝えるのは心躍ることでした。

「未来の世界はこんなことも可能になる。そこに向けて今習っていることは、こういうふうに役立つはずだよ」。そう伝えることで、学生たちが卒業するまでに「そうか、自分たちはすごい世界をつくろうとしている」とわかってほしいと考えていました。彼らの選択肢の幅を広げたいとも思ったのです。

独自機構のロボットアームが注目され始める

研究の話に戻りましょう。ニューロボティクス・ラボでも私はやはりロボットアームの実用化に取り組んでいました。ただし、単にＭＩＴ時代の研究を続けていたわけではありません。

ニューロボティクス・ラボで開発したロボットアームの腕と手には、自分で選んだモーターを入れ、コントロールするコンピューターも搭載しました。指や関節には、皮膚の代わりとなるスキンセンサーを絡ませます。私たちの指の皮膚がものに触るとさまざまな刺激を感じるように、スキンセンサーからコンピューターに電子信号が送られる仕組みです。

人間の物理的な手の構造についても徹底的に研究しました。たとえば骨の細かい凹凸の役割などについて学び、これらの細かい特徴がある状態とない状態をシミュレーションして、実験を繰り返しました。関節、人体、筋肉やセンサーなどに使って「人間の手は何をもってして人間の手といえるのか」ということについて、分析とシミュレーションを徹底的に行ったのです。

手のロボットをつくっている研究者は私1人ではありませんでしたが、その多くは皮膚や実物に近い関節がなく、指を動かしやすくするためにモーターとケーブルのほとんどを手のひらの部分に集中させていました。そうすると手のひらが固定され、自然な指の動きに制限がかかってしまうのです。私はもっと自然な人間の手を、ロボットで実現させようとしていました。

握手する、タイピングする、料理をする、楽器を奏でる。母指対立は人間が進化したゆえんだとお話ししましたが、人間を人間らしくしているのが「手と指」だともいえるのです。これほど重要なのに研究が進んでいないのなら、私がやろうと考えました。

私のロボットアームの研究はしだいにいくつかのニュースでも取り上げられ始め、困っている人たちからメールが届くようになりました。

「子どもが交通事故に遭いました。何か補助用具をつくってくれませんか?」

最初は1通、2通という感じでしたが、メールの数はどんどん増えていきました。それにつれて、私の研究に加わりたいという学生も増えました。

「ヨーキーと一緒に困っている人を助けたいんです」

教授として学生たちにビッグピクチャーを伝えているつもりでしたが、今度は学生たちが私の描いた絵を色とりどりに塗ってくれるようになったのです。

マッカーサー賞というターニングポイント

私のミッションに沿った活動は、マッカーサー賞の受賞で一気に加速しました。同時に、この賞は私の選択肢を想像以上に広げました。

2007年、私は家族とともにシアトルに住んでいました。すでに結婚し、双子の子どもを授かっていました。夫も同じカーネギーメロンの教授だったのですが、彼がマイクロソフトの研究所に移るのと同時に私もワシントン大学で終身雇用の助教のポストに移りました（米国の大学はまず准教授として雇われ、6～7年後に終身雇用を取る選択があり、このタイミングで別の大学に移ることが多いのです）。子どもたちの将来を考えて西海岸に住むことにしました。

この年には3人目の子ども、男の子が生まれました。米国の病院は出産して異常がなければ2日で退院するのが一般的です。家に帰ると2歳の双子の世話もしなくてはならず、息をつく間もないところに、夫の母が亡くなってしまいます。てんやわんやの状態にある私のもとに、ある朝、一本の電話がかかってきたのです。

「シカゴにあるマッカーサー・ファウンデーションから電話をしています。今、時間は大丈夫でしょうか？　お知らせしたいニュースがありますが、落としたら壊れるようなものを持っていますか」

「今、生後8日の赤ちゃんを抱えています」

「なるほど。ちょっと抱えるのをやめられますか？」

「いえ、ミルクを飲ませているので、やめられません」

　相手は「では30分後にかけ直すので、絶対に出てください」と言い、電話はいったん切れました。こんなにヘンテコなやりとりなので詐欺の一種なのかと考えましたが、腕の中にはミルクを飲んでいる赤ちゃん、私の腰と足には叫びながらまとわりついてくる双子。もうすぐ義母のお葬式の打ち合わせもあります。電話のことはたちまち忘れてしまいましたが、きっかり30分後に再び電話が鳴りました。

「今度は大丈夫ですか」

「はい、大丈夫です」

「あなたはマッカーサー・フェローを受賞しました。おめでとうございます」

　これが大騒動の始まりでした。

　日本ではあまり知られていない賞なので、ちょっと説明する必要があるかもしれません。

　マッカーサー・フェローとは、１９７８年に創設されたマッカーサー財団から贈られるもので、別名「天才賞」として知られています。

1981年からクリエイティブな個人をサポートするための奨学金制度として始まり、毎年20~30人、分野を問わず米国市民もしくは居住者を対象として授与されます。受賞者の年齢は10代から80代まで幅広く、詩人、ダンサー、科学者、社会活動家、オペラの演出家など、あらゆる人がいます。みな「独創性、創造的探究心、自己表現能力が並外れて優れている」と判断された人たちです。

知り合いで受賞した研究者もおり、米国ではノーベル賞並みに有名なので存在はわかっていましたが、科学の分野、しかもコンピューター関連の人が受賞するのは3年に一度程度しかありません。特徴的なのは、ノーベル賞が過去の功績に対して授与されるのに対して、マッカーサー賞はその人の未来に対して与えられる投資的な意味合いであることです。

水面下で政治的な駆け引きが行われないようにという配慮からか、審査のプロセスも具体的な選考基準も明かされておらず、いっさいがシークレットです。

「どうやら50人くらいの推薦を集めるらしい」という噂を知っていたのは、かつて私のもとに、候補者らしき人物についての問い合わせの電話があったからです。

「ドクター○○について話を聞くということは、彼はマッカーサー・フェローにノミネートされているんですか?」

率直に聞いてみましたが、絶対に教えてもらえませんでした。候補者が公開されているノーベル賞と異なり、選考の候補に挙がっている人たちも極秘です。ある日突然、電話がかかってきて、みんな受賞を知るようです。その電話がまさか、自分にかかってくるとは。

「50万ドルの賞金を、5年間振り込みます。使い道はすべてあなたの自由です。銀行口座などの手続きをお願いします」

現在は60万ドルを超えているようですが、いずれにしろ大金です。何よりこの賞と自分とを結びつけて考えたことがなかったので、私はしばし呆然としていました。

受賞後の大騒動

嘘でも詐欺でもジョークでもないとわかったのは、すぐさま大学やメディアから、問い合わせと取材が殺到したからでした。

「マッカーサー・ファウンデーションのウェブページに出す写真を撮ります」

そういってカメラマンもやってきましたが、私は出産してから2週間しかたっていません。子どもを産むたびに25キログラム増量して巨大化する私は、毎回もとに戻れたことを深く感謝していますが、出産間もなくはまだお腹もへこんでおらず、パンパンに太っていました。

ただでさえきれいな服を持っていないのに、体が入るものが1枚もない！　いくら身なりに無頓着とはいえ、そんな状態で写真を撮ってほしい人はいないでしょう。

しかもわが家は子どもたちの泣き声が響き、落ち着いて話をするどころではありません。できれば外で取材に応じたいところですが、急なことですから4歳児2人と生後間もない赤ちゃんの面倒を見てくれる人はいません。仕方なく、私は取材の人たちを散らかりっぱなしのわが家に招き入れることにしましたが、双子は床に転がって泣いてるし、赤ちゃんはミルクがほしいと泣くし、つられて犬もワンワン吠えながら駆け回り、まるでサーカス小屋のようでした。

「自分の名前で検索すると、ママが僕を抱えてキッチンで仕事をしている写真が出る」

ティーンエイジャーになった息子は、なんとかあの写真を削除してくれとふくれていますが、テレビ局や新聞のカメラマンにとっては、おもしろい画だったようです。

「プロテニスプレーヤーをめざしていたというのがいいですね。ぜひ、テニスする姿を撮影したい」

テレビ局に懇願され、テニスウエアに無理矢理体を押し込みましたが、放送を見て泣きたくなりました。忙しさと出産で1年以上プレーしていなかったので、テニスの腕がすっかり落ちていたからです。あんなにひどいフォームなんて！

ラジオの生中継を家からやるとなったときも困りました。夫が「取材中は、僕が子どもたちの世話をするよ」と引き受けてくれましたが、30分もの間、3人とも泣き出さない、犬も吠え出さないなどという保証はありません。ちなみに夫は私以上にシャイで、自分自身はいかなる理由があろうとスポットライトを浴びたくない、面倒くさくて恥ずかしいという人間です。取材への同席はほぼ断固として拒否しました。

彼は同じ研究者として、「マッカーサー賞は人生が変わるようなすばらしいもの」だと心から祝福してくれましたが、それとこれとは別の話というわけです。

私はやむなく近所の家のベルをピンポンと鳴らし、「すみません、明日の9時から9時半までラジオのインタビューがあるんですけど、私がお宅にお邪魔してやらせてもらえませんか」と頼み込み、ほとんど知らない人の家のリビングでロボットアームについて熱弁しました。

子どもの頃、学校から帰ってきて母がいないと、近所の家に遊びに行って、おやつや麦茶をもらうことがありました。昔の日本によくあるご近所付き合いです。それに比べて米国は、家と家も物理的に離れていますし、すれ違って立ち話をする程度で付き合いもありませんでした。今振り返ると、思い切ったことをしたものです。しかしこれは、何でも自分でやってしまう私にとって、「困ったときは人に頼む」という練習を始めるきっかけになりました。

天才賞の影響力

マッカーサー賞を境に私は突然、有名人になってしまいました。受賞直後はたくさんのメディアに登場しましたし、その後もロボット関連のニュースが出るたび、ラジオや新聞にコメントを求められ、顔が知られるようになりました。

あるとき、出張のために赤ちゃんを連れて空港にいると、女性に声をかけられました。

「Excuse me、あなた、もしかしてヨーキーさんですか？」

イエスと答えましたが、ミルクを飲ませているのでそれどころではありません。ところが飛行機に乗り込んでも、代わるがわる誰かしら私の席に来て「ここにいるわよ、ヨーキーよ！」と仲間に声をかけては、また人が集まる始末。「私、あなたに子育てのことで相談したいの」と言うのでつい答えていると、気がついたときには飛行機の通路に列ができていました。スヌーピー博士ならぬスヌーピー育児相談室だわ、と可笑しくなりましたが、私の膝にいるのはぬいぐるみではなく、もう本物の赤ちゃんでした。

米国でマッカーサー賞というのは、それほど影響力の大きいものでした。突如として脚光を浴びるので、すごいパーティを開いたり、舞い上がったりしてしまう人もいます。逆にプレッシャーが大きすぎて自分を見失い、何もできなくなったり、うつ状態に陥ったりする人もいます。嫉妬からいじめのようなことが起きると耳にしたこともあります。

知人の大学教授の受賞者は、「マッカーサー賞をもらったことは、人生で最悪の出来事だ」とまで言っていました。

私自身は、あまり真剣に受け止めないようにしていました。

「なんだ、こんなの取れちゃった。でもこれは、私がすごいからじゃない。ラッキーが80パーセントだ」

冷静に受け止めることができたのは、同僚に私よりも先にマッカーサー賞を取った人がいたこともありました。

「受賞はたまたま。ただの運だな」

「私は運だけど、あなたは運じゃなくて実力」

お互いにこう言い合いながら、彼の飾り気のない態度とその人間性を見習ったのも良かったと思います。

ちなみに、受賞したことを両親に報告しても、日本の多くの方と同じで、よくわからないようでした。結局、今でもわかっていないと思います。

この頃になると、賞に限らず、私がやっていることはとっくに彼らにはわからないことだらけになっており、それでも父は「偉いね、いいことをちゃんと選んでいるね」と言い、母のほうは「よく調べたの？　大丈夫？」と、相変わらず小石の心配をしてくれていました。

賞金でヨーキーワークスを設立

「マッカーサー賞のお金で何をしますか？」

取材では何度となくこう聞かれました。私の未来への投資としていただいたお金なのですから、暮らしのためだけに使うという選択はないと思いました。

ちなみに、「今後何をしたいですか？」という質問に「本を書いてみたいですね」とも答えていましたが、これが実現するのは先のこと――それは今、ページをめくってくださっているみなさんがご存知のとおりです。

受賞から間もなく、自分の財団であるヨーキーワークス（YokyWorks）を設立しました。困っている人をテクノロジーで助けるための第1歩です。財団の名前に自分の名前を入れるのはマーケティングチームのアイデアで、私は当初反対しましたが、ミッション実現のためならとOKしました。

実は以前から、「学者としての研究活動とラボでの研究だけでは、直接的な人助けにはそれほどなっていないのではないか？」という気持ちはどこかにありました。

カーネギーメロンのニューロボティクス・ラボに、「あなたのテクノロジーで私たちを助けてください」というメールが舞い込むようになったお話をしましたが、マッカーサー賞を獲得してからは波のように押し寄せていました。

たとえばこんなリクエストです。

不幸にも一人息子が交通事故に遭ってしまった父親からのメールでした。息子は全身不随で瞬きもできなければ指も動かせません。でもその父親は「息子は絶対に意識があり、思考もできている」と確信していました。

フロリダまで学生と飛んで会いにいきました。そこで父親が言うのです。

「ほら、親指がほんのちょっとだけ微妙に動くでしょう？　ミリ単位ですが、意図的に動かしているときもあります」

お父さんが「2＋3は？」と聞くと、指を動かしているといえるかどうか定かではない程度の微妙な親指の動きが確かにありました。5回、ほんのちょっと動かすのです。よく見ていないとわかりません。

多くの場合、こういった境遇の親は「脳内チップをつくってください」と頼むのですが、人間に使える脳内チップの実用化はまだ先の話です。

この家族には、本当にわずかな指の動きでも反応するフェザータッチの押しボタンをつくりました。その後、その家族がどうなったかはわかりませんが、このような体験を通してもっともっと進化したテクノロジーをつくろう、という気持ちが高まっていました。

教授のままでいいのだろうか？

マッカーサー賞の賞金を使って財団をつくったのはこういうプロジェクトを持続的に行えるようにするためでした。

ヨーキーワークスは「体のチャレンジを抱える人のために工学ソリューションをつくる」というミッションを掲げました。当時の私のラボには50人ほどの学生（学部、修士、博士課程を含む）がいましたが、その中から特にNPOの世界に興味がある学生が参加しました。加えて、さまざまな外部の人も参加してくれました。介護士やリハビリ専門家、弁護士やマーケティングの専門家、そして地元シアトルに本社があるマイクロソフトからプログラマーも加わりました。

ものすごい数の依頼メールから、どの案件を取り上げるかを私が選別し、話に行きます。たとえば「このプロジェクトにはセラピスト1名、ソフトウエアエンジニア2名、機械エンジニア1名が必要。よし、揃ったところでレッツ・ゴー！」という感じです。一度に5つほどのプロジェクトを同時並行で進めていました。

「いろいろな人を直接、テクノロジーで助けている」

ヨーキーワークスの活動に手応えを感じるにつれ、本業の教授職で果たしてどのくらいミッションに向けてインパクトが出せているのか、という問いはますますふくらんでいきました。

大学の研究は専門分野の学術ジャーナルにどれくらい論文を載せたかということで研究を評価される世界です。優秀な大学院生を博士に育て上げるための研究指導や、研究ラボを運営していくための研究費獲得などにも多大な時間を費やします。

これらの活動はもちろん大事で、私の基盤づくりには不可欠でしたが、ヨーキーワークスで困っている人たちを直接助ける活動に比べたとき、私のミッションからの距離を感じ始めていました。先ほどの、指をほんのわずかしか動かせない息子さん向けに開発した押しボタンのように、人を助けるには何も先端技術が必要とは限りません。

そんなジレンマを抱えていた頃、また一本の電話によって次のチャプターにつながる大きな選択を迫られました。

ミッションを追ってグーグルへ

その連絡は突然でした。それもかなり一方的なものです。

「グーグルから電話をしています。明日、本社まで面接に来てくれませんか」

「明日は大学の授業があるので来週でもいいですか」

「来週じゃなくて明日来てください」

「それは無理ですよ。シアトルに住んでいますし、明日なんて急すぎます」

「明日来てください。明日じゃなきゃだめです。明日来てくれたら、いいことが起こるかもしれませんよ」

結局、私は休講することに決めて、じっくり考える間もなく翌朝の飛行機に飛び乗りました。早急なグーグルのペースに巻き込まれたのと、驚きと好奇心に突き動かされたのと、どちらが強い気持ちだったのか？　おそらくどちらもでしょう。

　こうして２００９年、私はシリコンバレーに戻ってきました。ちなみにシリコンバレーという正式な地名はありません。ＵＣバークレーがあるバークレー市や、その対岸にあるサンフランシスコ市やその南に車で1時間ほど南に行ったサンノゼ市などの地域はまとめてサンフランシスコ・ベイエリアと呼ばれています。サンフランシスコから40分ほど南下したエリアからサンノゼ市までのエリアにはスタンフォード大学やアップル、グーグル、テスラ、メタ、オラクル、ヒューレット・パッカード（ＨＰ）といったテック企業の集積地があり、もともとは半導体製造業が集積していたことからシリコンバレーという名称で知られるようになったのです。

　さて、肝心のグーグルのインタビューはどうだったかというと、これが傑作でした。

　グーグル本社に到着すると、秘書に案内されたのはラリー・ペイジとセルゲイ・ブリンのオフィスです。大企業の経営者ならそれぞれ立派な個室を持っていて当然なのに、スタンフォードの大学院で知り合って起業した2人はまるできょうだいのような関係で、同じオフィスをシェアしていました。秘書に連れられてオフィスの前まで行ったところで、ドアの向こうから、ものすごい声が聞こえてきました。

「ちょっと、ここで座っていてください」

秘書に言われてソファに座っていると、激しく言い合う声が漏れてきます。学生っぽさを失わない近しい関係だけに、端から見ると大げんかしているような口調でアイデアや考え方をぶつけ合うのはしょっちゅう。それによってお互いの考えを高めて物事を決めていると知ったのはあとのことです。

ラリーとセルゲイ、彼らのやり方

このときは2人の怒鳴り合いにしか聞こえない声をドア越しにじっと聞いているうちに、10分ほどたっていました。

「あの、ずっと待っている人がいるんですが」

秘書が促してくれて、ようやくラリーとセルゲイによるインタビューが始まりました。

「どっちが先に？　君がしたら？」

「いや、君がしたら？」

「じゃあ、私がする」

そんな漫才のようなやりとりを経て最初に口火を切ったのはラリーで、その間、セルゲイはうしろで仕事をしていました。

「ヨーキー、私はあなたの研究しているロボットに興味があるんですよ。脳とかＡＩとかメディカル関係のテクノロジーのプロダクトも今後はつくっていきたい」

話が進むにつれて、私への質問が飛んでくる一方で、2人の間のやりとりもどんどん増えていきました。シリコンバレーのトップ企業の凄まじく頭がいい人たちなのに、まるで子どもがじゃれ合っているようなノリでしたが、そうやって話すことでお互いの考えを高め合っているのです。

もちろん、ロボットや医療分野についても相当の知識を持っている人たちらしく、難しくておもしろい質問もたくさん受けました。

「緊張していたから、うまく答えられなかったな」

インタビューを終え、そう思いながらドアを閉めると、すぐさま中から「短時間でロボットをつくれない人なんて雇うわけにはいかないよ」という声が聞こえてきました。

廊下に出ると、当時CEOだったエリック・シュミットとほかの幹部が「ラリーとセルゲイはどうだった？」と声をかけてきました。

とても興味深かったけれど私は採用されないだろうと状況を説明したら、あっさりと言われました。

「それが彼らの普通だから大丈夫」

当時の社風とリーダーシップ像がよくうかがえる一件でした。

ぜひ、グーグルに入ってくださいと連絡が入ったのはその翌日です。

グーグルXの共同創業者になる

「グーグルXの共同創業者になってほしい」

これが私へのオファーでした。グーグルX自体がわからないので尋ねると、「これから立ち上げようとしている、グーグルの未来をつくるための新しい社内ベンチャーのような部署兼研究所です。いろいろな分野で最先端を走る人を集めています」との答えでした。

グーグルのユーザー数は数十億人。スケール感とスピード感は圧倒的です。グーグルの豊富な資金力で新しいものをつくり、そのスケールとスピードで人を助けられる技術や仕組みをどんどん世に出せばインパクトが広がる。「人を助ける」という私のミッションにおける私の活動インパクトを広げられる——。ヨーキーワークスはチームで運営しているので両立できますし、大学のサバティカル休暇を使おうと思いました。グーグルで1年だけ働いて新しい経験をし、研究に戻ればいいと考えたのです。

外から見たら「大学をやめて民間企業へ飛び込む」という大きな選択に見えたかもしれませんが、実はそこまで極端なものではありませんでした。夫も仕事の場を移してくれることになり、すぐに家族5人でシリコンバレーに引っ越すことになりました。

場を変えるといろいろな出会いがあります。グーグルXには、私を含めて3人の共同創業者がいました。最初の1人はコンピューター科学者のセバスチャン・スランです。私とはカーネギーメロン大学の元同僚で友人でもありました。

セバスチャンは〝グーグル自動運転車のゴッドファーザー〟のような存在で、自動運転技術研究の先駆けだったカーネギーメロン大学で実際に走行モデルをつくって高く評価されていました。スタンフォード大学に移った２００５年には無人運転車スタンレーを開発。「ＤＡＲＰＡ（米国国防高等研究計画局）グランドチャレンジ」という、ロボットカーによるカーレースで２００５年度の優勝を飾った車です。それまでは非常にニッチだった自動運転という技術のポテンシャルを一気に世界に広めた立役者です。

私に声がかかったのは、セバスチャンの推薦によってでした。そして私が2人目の共同創業者となり、3人目は彼と私で相談して声をかけました。エリック・〝アストロ〟・テラーです。ＡＩの博士号をカーネギーメロン大学で取ったあとに健康管理会社ボディ・メディアを創業し、運動量などを測るウエアラブル・デバイスを開発していました。

ムーンショット・ファクトリー

２００９年に立ち上げられたグーグルXは、極秘にたくさんのプロジェクトを進めていくグーグル内部の研究機関という位置付けで、「ムーンショット・ファクトリー」というニックネームが付いていました。ムーンショットとは、冷戦時代の最中に突然、ケネディー米大統領が掲げた「月に到達する」という大胆な戦略です。数年後に、当時の米国の総力を挙げてトップの科学者やエンジニアたちを集め、ライト兄弟が有人飛行に成功した１９０３年から66年後の１９６９年にアポロ11号の月面着陸として見事に実現しました。ムーンショットはその後、大それたアイデアと、それを実行してしまおうという考え方を指す言葉として使われています。

グーグルXも、すぐにはすべて実現しなくても、月を狙うような大きな目標を掲げて人類の発展を加速させようという狙いで設立されました。今日までにグーグルグラスや無人自動車（現在のウェイモ社）などのプロダクトがグーグルX発で世に出ていますが、これらは氷山の一角です。

グーグルXの中で、私はファシリテーターという役割でした。

「次は何のプロジェクトをしたらいいだろう？」

ラリーのアイデアを聞きながら、自分たちのアイデアもたくさん出していく。その中でいいものがあればすぐに、専門分野の誰が必要か、どこの大学にいい研究者がいるか、どう実現するかを相談し、プロジェクトを進行していく役割です。

一つひとつのプロジェクト立ち上げは、まるで起業するような忙しさでした。しかも「プロジェクトAが終わったらBをやろう」というスタイルではなくAもBも同時にやる。いいえ、AもBもCもDも――どんどん違うプロジェクトを並べて、猛スピードで同時進行させていくのです。

「グーグルXはラリー・ペイジの実験室だ」

そう評されるようにラリーは突然、大量のアイデアが浮かぶ人で、すぐさまそれを実行に移したがります。ある朝、起きて何かが浮かぶと、もう止まらない。突然私のオフィスに駆け込んで来ます。

「ヨーキー、こんなのをつくりたいんだ。プロトタイプをつくってくれない？」

なにかひらめいたら、どんなにそのアイデアがすばらしいかを熱っぽく語り、「ということで、2週間でお願いね」とありえないスケジュールを設定してきます。

「それはできませんよ」

「できるから、やってください」

ラリーが嵐のように去った途端に、チームが集まってプロジェクト開始です。

誤解しないでいただきたいのは、これは「わがままな経営者に振り回されました」という愚痴ではまったくないことです。私たちは、ラリー・ペイジの実験室を大いに楽しんでいたのです。

とにかく、スピード感が今までいたところとは比べものになりません。この感覚は私の基盤にも加えることができました。

〝実験室〟の資金は潤沢で、予算はあり余るほど出ました。最初は戸惑い、こんなにお金があっても使い切れないと伝えると、きっぱり言われました。

「全部使わなかったら、責任を取ってもらいます。ボーナスはあげませんよ」

無駄づかいをしろというのではありません。その逆です。お金を上手に使ってとにかく開発を加速させよというのです。具体的にはその軍資金で、各分野で一番優れた人たちを集めてこいということです。

一流の人をスカウトするには、彼らの能力に見合うだけの十分なお金を払わなければいけません。「グーグルで未来をつくる」というミッションを掲げ、熱意があっても、それだけではほかにいくらでも選択肢がある人はついてきません。もちろん、報酬だけ払えば来てくれるというものでもありません。

アカデミックな世界とはロジックがまるで異なります。普通の研究所や大学の研究室にとって資金は希少リソースなので、一生懸命いろいろなところで節約しながら研究を進めていきます。グーグルはその逆でした。資金は豊富なリソースであり、希少リソースは時間と各分野の世界トップ人材なのです。ですから豊富なリソースを使って希少リソースに充てるのです。勉強になりました。

直接的なインパクトを求めて次のチャプターへ

グーグルXというラリー・ペイジの実験室は、まさしく未来をつくっていました。セルゲイとラリーは2人とも私と同じくミッション・ドリブンであり、心から世界を変えたいと願っています。彼らのもとに集まるのは、才能に溢れた人たちばかりですし、潤沢な資金で最先端のことができるのですから、最高の職場だったと思います。

自動運転車もＡＲ（拡張現実）を体験するウエアラブル・デバイスも、グーグルでやったからこそ、徐々に改良され、世界に広まっていったといえるでしょう。

２０１２年、初めて米国の公道を走った自動運転車ウェイモは、トヨタ自動車のプリウスにグーグル・ショーファーというＡＩを搭載したもので、開発に携わったのはセバスチャンのチームです。ウェイモが走ったことで、無人運転は本当に実現可能なんだとわかった。だからこそ、数多くの自動運転のスタートアップやテスラのオートパイロット、既存の自動車産業のさまざまな取り組みが一気に加速したのだと思います。

グーグルグラスは、現実の世界にＶＲ（仮想現実）を組み合わせたＡＲを体験できる技術を搭載したメガネ型のウエアラブル・コンピューターです。グーグルXから事業部にバトンタッチしていざ商業化したら「高すぎる」「格好悪い」「そもそもそんなメガネが必要なのダクトだと私は思っています。

今では産業用に、工事現場の現在のリアルな外見の上に設計図面を載せて検証したり、工場ラインを変えて新しい作業をする人たちのトレーニングとして使われたり――現実世界の上にデジタルな画像や情報を載せるという技術進化の流れには、グーグルグラスの存在が大きく影響しているはずです。シリコンバレーの人材循環の一環で、グーグルがグーグルグラスを打ち切りにしたときに会社から出ていって自分のスタートアップをつくったり、別の会社でのARグラスの取り組みに加わったりした人たちも大勢います。

ただ私はしだいに、

「グーグルXでやっていることはすばらしいけれど、あまりに遠い未来を見ている」

こう考えるようになりました。「テクノロジーで人を助ける」というミッションとは少し考え方のズレが生じ始めていました。

グーグルXは人類の技術の新しい方向付けをする研究機関としてインパクトは絶大でも、10年、15年後以降と、目線はかなり先です。これは実は、規模が違うにせよ、私が大学の研究室で進めていたことの実用化と似たようなタイムスパンです。非常に大事なのは間違いないのですが、私はもっと早く、広く世に出せる人助けになるものに携わりたいという願望を抱いていました。密度が濃すぎるほど濃いグーグルXの1年間で多くを学びながらそう考え始めた頃、偶然の出会いから次のチャプターへ進むことになりました。

ネスト・ラボへ

ある日、シリコンバレーでたまたま、カーネギーメロン時代に私のラボにいたマット・ロジャースと再会しました。何かの拍子にバッタリ会ったのです。

「あれ、ヨーキーさん、なんでこんなところにいるんですか？」

「マットこそ、なんでここにいるの？」

彼は新しいスタートアップを、ある共同創設者とつくっているところだと言いました。

「名前はまだ明かせないんですけど」。シリコンバレーはこのようにバッタリ人に会って新しい選択肢が生まれていく場所でもあります。

マットが私のラボにいた当時は大学2年生でしたが、とても優秀だったのでよく話していましたし、キャリアの相談に乗ったこともありました。

「実はアップルに誘われているんですが、僕は研究者にもなりたいから、ヨーキーさんのラボに入って博士号を取るかどうか迷ってるんです。家族はみんな、博士号くらい取っておいたほうがいいと言うし……」

迷っているマットに、私は尋ねました。

「博士号を取りたいのはどうして？　教授になりたいから？」

「いや、僕は会社で働いていろんな人の役に立つものをつくりたいんです。それには博士号くらいとっておいたほうがいいかなって」

私はそのときの自身の経験も踏まえてこう答えました。

「マットに博士号はいらないと思う。アップルに入って、ものづくりを徹底的に学んだらどう？　それでも博士号が取りたかったら戻ってきて」

そのとき私は、すぐに社会に出るように強く勧めました。

駐車場で久しぶりに再会したマットと数日後、グーグルの食堂でランチをとりました。インターンシップとしてアップルに入った彼はiPodの生みの親として知られるトニー・ファデルのもとで鍛えられ、iPod開発に尽力しました。今はアップルをやめて、トニーと新しいスタートアップを立ち上げる準備をしているのだといいます。

紙ナプキンでブレーンストーミング

マットはすでに私のことをトニーに話してくれたようで、今度は共同創設者が誰なのかを話せるようになっていました。シリコンバレーはオープンな風土ですが、グーグルXが極秘裏にプロジェクトを進めたり、アップルが次期製品の概要を絶対に明かさなかったりするように、秘密厳守主義なところもあるのです。

「僕たちが考えているのは、エネルギーを節約していくためのプロダクトなんです。消費電力を下げて節約できる、小さくて、iPhoneを壁に貼り付けたみたいな感じかな」

米国では大雑把な計算をすることを「back of the napkin」といいます。レストランのナプキンをぱっと取って、話しながらそこに何か書き込むようなイメージで、アイデアが湧いてきたときにもこの言い回しを使います。

マットと私はいつの間にか、文字どおりそのレストランのテーブルにあった紙ナプキンにメモを書きながら話し始めていました。

「ねえマット、どうやってiPhoneでエネルギーを節約するの？」

「AIと機械学習でやるんだ。こんな感じにすれば大丈夫だと思う」

「そのAIだとうまくいかないかもしれない。このアイデアはどう？」

技術面の行き詰まりを指摘した私のことを、マットはトニーに話したようでした。トニーから電話がかかってきたのはランチの翌日。シリコンバレーはとにかく話が早いのです。

トニー・ファデルは単刀直入に言いました。

「僕たちのベンチャーに入ってください。マットの話を聞いて、あなたがいないと実現できないことがわかりました」

「そのエネルギーを節約するiPhoneみたいなものは、いつ製品化するんですか？」

「9カ月でローンチ（発売）します」

まだアイデアだけのものを1年以内に製品化する！　とんでもない話だと思いましたが、実際に量産するプロダクトをつくるという経験の可能性はたまらなく魅力的でもありました。

「そんなに短い時間で、本当にできるんですか？」

「iPodもiPhoneも1年ほどでつくってきました。それがアップルのマジックなんです。だから今度も必ずできますよ。あなたが入ってくれればね」

　スティーブ・ジョブズのカリスマ性はよく知られるところですが、それがアップルのＤＮＡだとしたら、トニーは確実にそれを受け継いでいました。

　よし、一般の人に広く売るコンシューマー・プロダクトをつくることを徹底的に学ぼう。それがわからないと、テクノロジーで困っている人を助けるなんてできるはずがない。私のミッションの次のステップとして取るべき選択だということは明らかでした。

　２０１０年、私はＣＴＯとして、ネストに加わることになりました。第４章で述べるように、テクノロジー・ファーストではなく、ヒューマン・ファーストの世界にたどり着くための学びの始まりでした。

ネスト・サーモスタットの開発

スティーブ・ジョブズというカリスマ経営者は徹底したトップダウンで、その激しさも影響して一時は会社を離れたこともあるというのは有名な話です。１９９６年に復帰してからはiPod、iPhone、iPadと、今日のアップルの伝説を築き上げていきました。

iPod開発の責任者として２００１年にアップルに入社したトニー・ファデルは、そのカリスマと仕事をしてきた人です。ジョブズがアイデアをひらめき、「これをやれ、絶対にやれ、今すぐにやれ」と言ってきたら、トニーたち直属の数人が意見を戦わせます。

「この機能は絶対に入れなきゃいけない」「それを入れたらうまく作動しない」というやりとりはほとんど喧嘩。でもそうやってアイデアを高め、構想から実現可能な計画に落とし込まれ、驚くような速さで商品になっていきました。アップルが世界トップレベルの時価総額に上り詰め、ヒット商品をつくり出し続ける原動力となったのです。

ネストは、アップルの社風をそっくりそのまま再現したような会社でした。

トニーの「これをやれ」という指令が降りてきたら、エンジニアリングのトップと私との間で激しいやりとりが始まります。

「この機能は入れないと、トニーが言ったことができないよ」

「そんなものを入れたら、こっちのＡＩがうまく動かない」

グーグルXはトップダウンというよりは実験室でわいわい騒いでいた雰囲気もあり、やはり研究者の手法の延長だったという感じでした。消費者がいる商品をつくるというのはまったく違うし、シビアさは比べものになりません。

ローンチをめざしているのは、今も商品として売られている空調関連のＩｏＴ機器「ネスト・サーモスタット」の第1世代でした。部屋ごとにエアコンがある日本だとピンとこないかもしれませんが、米国の多くの住宅では、家全体を1つの大きな空調機器で暖房したり冷房したりします。それをまとめて管理するのがサーモスタットです。

それまで世の中で売られていた家庭用のサーモスタットは、デバイスとしてはとにかく出来栄えがひどいものでした。機能はオン／オフと温度設定、以上。タイマーがあるにはあるのですが使いにくすぎて一日中空調がつけっぱなしになったりして、エネルギー効率が非常に悪いのです。デザインもチープな白いプラスチック製で、温度表示は昔の電卓のような暗いディスプレーが使われていました。

ネスト・サーモスタットはアップルのようなカッコいいデザインと操作性、大きくて見やすいディスプレーを採用しました。スマートフォンのアプリから作動状況も確認できます。それだけでも大きな進歩ですが、目玉は、センサーとＡＩを駆使してユーザーの生活パターンを覚え、家の温度を自動的に調節してくれる機能でした。平日、家族が出払ったタイミングで空調を弱めるかオフにし、帰宅前には空調を入れて快適な温度で出迎えてくれます。ユーザーが好みに合わせて温度設定していくことによって学習する仕組みです。

冬場は、完全に冷え切った家を暖めると消費電力が上がってしまいます。ネスト・サーモスタットはそこもちゃんと計算してオン／オフを切り替えます。寒冷地では空調を切っている時間が長すぎると、水道管が凍って破裂してしまったりして、大きなリスクを伴いかねません。そんなトラブルを防ぐために、凍結の危険帯域まで温度が下がると自動的にオンになるようにも設計しました。

「そんなのはサイエンス・プロジェクトだ！」

ネスト・サーモスタットは各家庭の役に立つのみならず、導入世帯が増えれば増えるほど地域の節電が進みます。省エネで世界を変える一助にもなる画期的なデバイス。ぜひ実現したい。それでも9カ月は、あまりにも無謀な挑戦に思えます。

「まだできていないの？　どれだけ時間がかかるんだ！　明日までに仕上げて」

トニーに言われたら夜中まで仕事をし、週末はすべて消えました。わが家は２０１０年のクリスマス休暇をハワイで過ごしましたが、12月25日は朝から私だけビデオ会議。カリフォルニアの朝9時はハワイの朝7時なので、飛び起きてパソコンにかじりつきました。

「米国では仕事のオンオフを分けますよね？」

日本企業の人にはときどきそう聞かれますが、それはケースバイケースです。ネストでは、何かが壊れたら土曜日だろうと日曜日だろうと、「今日は平日になりましたから、すぐに直してください」と電話がかかってきました。

ネストではほかにも〝洗礼〟を受けました。私のほうからトニーに「この機能を入れれば、エネルギーが相当節約できます」などと提案すると、「それはサイエンス・プロジェクトだ！」と怒鳴られるのです。われわれは科学の研究をしているのではない、コンシューマー・プロダクトをつくっているのだ、というのです。

テクノロジーは進歩的であるべきだが、進歩的すぎてはいけない。進みすぎた最先端のものでユーザーの目線を置いてきぼりにしたら到底受け入れられない――これは科学の研究と商品開発の決定的な違いで、とても勉強になりました。この学びがなかったら、私はその後の仕事を成しえなかったでしょう。

今はこんなふうに落ち着いて振り返っていますが、当時は無我夢中でした。怒鳴られて落ち込み、否定されてくじけながら夜中まで仕事をし、別の提案をするとまたまた全否定されてさらに落ち込むけれど、ベッドに潜り込んで泣いている時間はない。でも、絶対にやめなかったのは、ミッションがあったからです。

「誰でも簡単に使えるものでないとだめだ。違う提案をしてほしい」

トニーとの熱い応酬は、ユーザーを中心に考えたプロダクトづくりの本質だったと思います。

ローンチ予定日は出産予定日！

「そういえば僕の学生時代、ヨーキーは赤ちゃんを膝に乗せて授業をしていたよね。いつも夢中で難しいことを考えているから、ペンを落として服を汚したりして。そんな姿を見ていると、思い出すよ」

マットが思い出話をしたのは、その頃私のお腹がみるみる大きくなっていたからでした。ネストという10人がガレージで働いているようなスタートアップに入り、コンシューマー・プロダクトをつくると選択をした直後、予定外のことでした。

4人目の子どもを授かったとわかったのは、ネストに入って間もなくです。迷いましたが、私はもともと一人っ子だったということもあり、自分は子どもは7人ぐらい持ちたいと思っていました。母から「もっと子どもがほしかったけれど、健康上の理由で無理だった」と聞いた影響もあるかもしれません。全力で走らなくてはいけないスタートアップを、まさか妊婦として疾走するとは思いませんでした。

ネスト・サーモスタットの最終試作品の実働テストがようやく始まったのは２０１１年の

4月です。春のカリフォルニアの快適な気候では実験にならないと、すでに気温が高いテキサスやフロリダに行ってエネルギー節約機能の確認をしたところ、うまくいっていないことが判明しました。

大急ぎでやり直そうと、集まってきたデータをかき集めました。すると、エネルギー節約のAIが優秀すぎるために、「最高に省エネできるけれど、部屋にいる住人は暑くてたまらない室温」になってしまうことがわかりました。しかも、ユーザーがAIの判断に反発して反対方向に、それも大幅に調整するので、使っているうちに逆に電力を消費するという残念な結果になっていたのです。

すでに7月、ローンチまではあと2カ月です。ほかの機能はすでに完成していましたが、足を引っ張っている私たち省エネチームの15人は「改良したAIができるまで、会社から出られない」という覚悟で猛烈に働くしかありませんでした。

とてつもなく暑い夏でした。妊娠中で体調も万全ではないし、課題は満載だけれど、なんとしてもプログラムを書き直して、新しいAIを完成させねばなりません。帝王切開だったので、出産予定日を9月7日に設定しました。

そこへきて、なんとローンチ予定日がまったく同じ9月7日になったのです。

ローンチ直後に私がいなくなるのは無理で、産休を取るような状況ではありません。そのつもりでAIを完成させました。

テストも問題ありませんでしたが、9月の出荷は物理的に不可能だということがわかり、10月に延期せざるをえませんでした。子どものほうは、「あと1カ月お腹にいてもらえるかな？」というわけにいかず、予定どおりに出産。前日の夜中まで仕事をしてから入院しました。

ついに完成！

トニーから電話がかかってきたのは出産2時間後で、帝王切開の麻酔でぼんやりしながら通話ボタンを押しました。

「ハイ、ヨーキー？　今話せるかな？」

「赤ちゃんを産んだばかりだけど、今は少しなら話せる」

赤ちゃんは沐浴のためにすぐ看護師さんに連れていかれ、その際、麻酔が効いて眠っていた私は、まだわが子と対面もしていませんでした。

「そうなんだ。産まれたんだね。おめでとう。じゃあさっそくだけど、この件は……」

翌日から、ベッドの上に電話とラップトップパソコンと赤ちゃんを置いて仕事を再開しました。この間、写真フォルダを見ていたら、生後8日目の子どもを抱いてオフィスで仕事をしている画像が出てきました。

とにかく２０１１年10月、ネスト・サーモスタットはついに発売されました。新製品発表会でのトニーのプレゼンは、会場を魅了するものでした。

「iPod の父が iPhone の開発を経て、なぜ今、家で使うプロダクトをつくるのか？」

この日のためにトニーはものすごく細かな資料を用意し、納得がいくまで何度となくつくり直していました。壇上スクリーンで製品を投影する仕方も、「大きすぎてはだめ、小さすぎてもだめ」というところからこだわり、気をつけるべき点の洗い出しなど、チームをつくって何日もかけて考え尽くしたプレゼンでした。

「こんなに凝るべきなのかな？」と私も初めは思いましたが、このやり方は私のスキルの道具箱に加わり、自分でネスト・サーモスタットを紹介するときの仕方も工夫するようになりました。

新しいサーモスタットはエネルギーを節約し、お金の節約にもなれば環境にもプラス効果がある。これは確かに商品の魅力です。しかし、私はもっと「人間の経験」に沿った説明をしたいと考えました。

「エネルギーの節約をしている人は、どれぐらいいますか？」

商品説明の場でそう質問すると、部屋中の手が上がります。

「じゃあ、今日、ここに来る前に家の暖房をちゃんと消して出てきた人は何人ですか？」

こう聞くと、ほとんどの手は下がります。

「それならネスト・サーモスタットをぜひ使ってください。あなたがうっかり空調をつけっぱなしで家を出たとき、忘れているなと気が付いてオフにしてくれますよ」

みんなしっかりエネルギーを節約したいのに、自分では完全にできていないというフラストレーションを抱えています。でもこの商品があれば、誰でも「エネルギーを節約している人」という理想像に近づける……。これは「誰もが『なりたい人になる』ためのテクノロジーをつくりたい」と考える私にとって、ベストと思える説明でした。

ネストの買収と次の選択肢

ネスト・サーモスタットは飛ぶように売れました。そんな中、２０１４年のある日、突然全社員がトニーとマットに呼び出されました。私も事前に何が起きるのかは知らされていませんでした。

「グーグルに買収されることを決めました」

社内は騒然としましたが、シリコンバレーではめずらしくないことです。極秘で進められていた交渉がまとまったようでした。買収額は32億ドル。設立から4年後の大きなＭ＆Ａ。ネストはグーグルの一部になりました。

大企業に買収されたスタートアップにはよくある話ですが、スタートアップのときのビジヨンとミッションは、買収した大企業の意図とは食い違うことが多々あります。ネストはスマート・サーモスタットを手始めに、人々の生活のさまざまなところをＩｏＴやＡＩの力で良くしていくというビジョンを持っていました。

一方のグーグルは、それまでソフトウエア開発の人材が中心の会社で、ハードウエアといえば巨大データセンターまわりのエンジニアたちしかいない会社でした。ネスト買収でコンシューマー向けハードウエアのプロダクトをつくるチームがほしいという意図があったのかもしれません。

ともかく、大企業の一部となると、スタートアップのミッションは片隅に追いやられます。巨大組織の一部として社内の勢力争いやリソース獲得の政治的な動きも始まります。別にグーグル特有の問題ではなく、一般的な話です。

私はというと、ネストで開発から製品化、ローンチまで一通りを経験し、その経験を自分の基盤に加えることができました。ミッションに照らし合わせると、そろそろ次のチャプターへのページをめくるタイミングでした。

そこで出会ったのがヘルスケアのスタートアップ企業、カンタス（Quanttus）です。

ヘルスケアで直接人を助けられる製品に興味があり、いろいろなベンチャーキャピタリストに相談しました。シリコンバレーのベンチャーキャピタリストは投資先のために社長候補や経営幹部候補をつねに探しています。ゼロから会社をつくったり、大学の研究室からスピンアウトして起業したりした創業者たちは、企業がある程度の大きさまで成長すると、経営やプロダクト・ローンチを経験した人をトップに送り込むことが基本動作だからです。

グーグルも同じで、創業者のラリーとセルゲイの会社がある程度大きくなった段階でプロのＣＥＯとしてエリック・シュミットを送り込んだのは、グーグルに投資していたベンチャーキャピタリストです。

私は40社ほどのスタートアップに会い、カンタスにＣＥＯとして加わることを決めました。

ゲームチェンジャーになると思ったけれど……

カンタスはＭＩＴで博士号を取ったチームが設立した会社で、ウエアラブル・デバイスで血圧を常時測れる可能性が高いとされた革新的な技術を持つ、高いポテンシャルを秘めた会社でした。この技術が完成すれば、本当に幅広い病気をモニタリングでき、事前予防にも活用できます。ウエアラブルとヘルスケアの聖杯（難しいけれど至高の目標）ともいえる領域です。

「カンタスは完全なゲームチェンジャーになりうる」

そう思いました。カンタスにはシリコンバレーの著名なベンチャーキャピタリストA氏も多額の出資をしていて、彼の期待値は非常に高いものでした。

カンタスの事業は、私のミッションにもぴったりでした。できるだけ客観的な目で技術を検証し、会社のチームともよく話しました。私からすると一番の難点はこの会社がボストンにあることくらいで、それ以外では私の次のチャプターにふさわしくない要素はありません。ＣＥＯとしてのポジションを通して自分の道具箱に入れられることがたくさん学べるだろうと確信しました。

入社後さっそく中から技術の詳細を検証し、製品化の道筋を描き始めました。ところが、実際にトライアルをしてみると、血圧測定機として機能するための誤差の範囲が業界の水準までどうしても達しません。その後も実用化に向けて全力で開発に取り組んでも、プロダクトにできる状態には近づいていきません。

開発が行き詰まったのです。どこかの点を改良すれば精度は次のステップまで上がる、という次元の問題ではなくなってしまったのです。研究段階のプロジェクトとしては大変魅力的でポテンシャルがあっても、実用化には程遠かった――。スタートアップは研究室ではありませんし、投資家からの資金はみるみるなくなっていくし、次がないとなると厳しい選択をするしかありません。

私はテクノロジーの研究をしてきた科学者だからこそ、テクノロジーで嘘をつきたくありません。まだ研究段階なのに「こんなすごいことができますよ！」と主張して、中途半端な製品をつくるのは私のミッションに反しています。

大株主だったＡ氏に、私は率直に話しました。数カ月のディスカッションを重ね、ついに出た結論は開発の断念と会社の清算でした。

ちなみに、カンタスが実現しようとしていた「ウエアラブルで血圧を常時測定する」という技術はまだどこも実現できていません。これができれば世界は大きく変わるでしょう。

結局1年未満でカンタスを離れました。カンタスで短時間だけれど夢見た「ヘルスケアとウエアラブルが融合する可能性」は私のミッションに沿っていたので、その流れでアップルのヘルスケア部門に移りました。肩書はヘルスケア担当のＶＰです。その後、グーグルに戻り、こちらでもＶＰとしていろいろなプロジェクトのロードマップを描きました。ただ、あいにくシリコンバレーのテック企業は秘密厳守主義だということと、私が携わったプロジェクトやロードマップは今も遂行中であるため、これらの企業内の話はできません。ただ言えるのは、どちらでも良い仕事ができ、数多くの優秀な人たちに巡り合うことができたということです。

グーグルからパナソニックへ

私が次のチャプターについて真剣に考えている頃、パナソニックの津賀一宏社長から「一緒に仕事がしたい」というオファーがありました。

日本人ならみんなパナソニックというブランドは知っているし、自分もパナソニック製品を使って育ってきたけれど、米国暮らしが長いせいか最初はあまり興味が湧きませんでした。米国でもパナソニックの家電は存在感がすっかり薄れていて、若い人には聞いたことがない人のほうが多いぐらいです。

このとき、ＧＡＦＡやほかの企業からいくつものオファーが来ていました。

ただ、せっかくのオファーですし、日本にとんぼ返りで行くことになりました。

「日本に行って、親と友だちと会って、帰ってくればいいや」

軽い気持ちで出かけたのに、津賀社長と会って、大変な刺激を受けてしまいました。頭がいいし、ビジョナリーだし、どうやってこの会社を動かしていくかもきちんと頭に入っている。いろんなリーダーと会った中でも魅力的な人で、こういうリーダーのいる会社で働くという選択肢は十分ありうると思いました。

決定的だったのは、パナソニックグループを創業した松下幸之助さんの経営理念や生涯を展示しているミュージアムを訪れたことでした。松下さんのミッションは、社会の発展と世界中の人々の幸福に貢献すること。ものをつくって売るという商売だけではなく、本当にお客さんが困っていることを解決する姿勢は、ユーザー・ファーストという考え方に通じます。

ミュージアムで特に心が動いたのは、彼が主婦を家事労働から解放したいという気持ちで洗濯機や冷蔵庫の開発に取り組んでいたことでした。技術の力で人を助けて「なりたい自分」になれる選択肢を与えるという私のミッションと共鳴しました。

今たくさんあるパナソニックグループの製品一つひとつに松下幸之助のＤＮＡが完全に受け継がれているかと言えば、そんなことはないでしょう。でも会社にはそのＤＮＡは確実にまだあるとも感じました。

製造のノウハウと技術があり、改良も加えていくのが日本企業の強みであり、パナソニックはさまざまな家電製品で、また電気設備の分野で世界でも高いシェアを有しています。人々が毎日使うものと、毎日暮らす住居という広くて深いリーチはとても魅力的でした。

ここ数十年のテクノロジーの進歩はめまぐるしいものでしたが、テクノロジーが日々の生活において大きく人助けができているかというと、まだまだです。料理、掃除、洗濯、日々の移動の仕方などは、根本的には何十年と変わっていません。

私のような子育て世代や、高齢者の生活を本当の意味で助けてくれる仕組みやサービスはまだ限られています。技術は存在していてもまだ実装されていないもの、まだ実現さえしていない技術……待っているユーザーはたくさんいます。ユーザーとのタッチポイントが非常に多いパナソニックグループは私のミッションにぴったりである可能性が高いと思い、私の本の次のチャプターへのページをめくることにしたのです。

２０１９年、私はパナソニックグループにフェローとして入り、執行役員というポジションで会社の経営に携わりながら関係会社としてシリコンバレーで「ヨー・ラボ（Yo Labs）」

名をヨハナに変え、日米で展開しています。

ニアを仲間にすることができ、ヨー・ラボはヨハナというサービスのローンチとともに会社

を立ち上げました。ネストやアップルからの昔の仲間や、その人脈から多くの優秀なエンジ

第3章のまとめ

ミッション・ドリブンについて本章で述べてきたことに加えて、いくつか読者に伝えたいポイントをまとめます。

●ミッションを持つにはパッションが必要

自分のミッションを見つけるには、まずは何かにのめり込んでパッションを抱くことが最初のステップです。パッションがないとミッションは見つけにくいでしょう。また、ミッションがどんなに立派であっても、パッションを伴わないと続きませんし、自分ができることに落とし込んで実際にどんなアクションを起こすべきか、どういう方向に向かって選択をしていけばいいのかがわかりません。

●ミッションが見つかれば、それを軸に何を選択するか決められる

人生は選択肢に溢れています。突然やってくるものもあれば、自分でつくっていくものもあります。ミッションがあれば、それが軸となり、迷いは大幅に軽減されます。私の場合、慎重な性格なので、選択肢を並べて良し悪しを比べ、たくさん迷います。でも、その迷いはどちらのほうが自分のミッション達成のためになるのか、という大きな軸からは外れません。具体的なメソッドは第5章で詳しく紹介します。

●ミッションのためだからこそがんばれる

本章でも紹介しましたが、ミッションを進めるためにはとても大変な状況をがんばり通す必要があります。私の場合、仕事と家族のバランスは最も大きなチャレンジです。毎朝起きて子どもたちを置いていく生活をなぜしなくてはいけないのか？　それは達成しなくてはいけないミッションがあるからです。

●ミッションがあれば、迷いがなくなり、心の余裕ができる

自分は何のために生きているのだろう？　今自分は何をしているんだろう？　こんな考えは誰にでもあると思います。ミッションが見つかっていれば、こうした迷いはなくなります。

今生きているのはミッションを達成するため。何をしているのか、それはミッションを進めるため。この安定感があれば、忙しくても心の余裕が生まれます。

●ミッションを軸に選択していくと、過去の選択を後悔せず、未来について心配しすぎなくなる。結果、本当の「今」を生きられる

過去の失敗にとらわれて「今」に集中できない。明日の心配が多くて「今」が不安だらけ。こんな経験、ありませんか？　ミッションを軸にして選択をしていくと、過去の選択を後悔することが段違いに減ります。明日や将来については、ミッションを追求する選択をしていけばいいだけなので、そんなに心配しなくなります。ミッションに沿った選択をすれば、やり直しがきかない失敗にはなりません。未来を心配する必要がないと、人間は「今」の時間を大切にできます。家族や友だちと向き合って、本当に「今を生きる」ことができます。

第4章 人間、人間、人間

by humans, for humans, with humans

本当の自分という人間を見つける――by humans

人と違うところを大切にし、のめり込むものにパッションを注いで自分の基盤を強化し、ミッションを見つけてそれを軸に選択をしていく。本書はここまで私の経験をなぞりながらこうしたことをお話ししてきました。ここからは時間軸から離れてテーマを深掘りしていこうと思います。

技術中心に物事を考え、高度な技術をさらにレベルアップさえすれば自動的に人助けになると考えている人や組織が多い中、私は人間を中心に据えていくことをこの上なく大事にしています。テクノロジーは中心にいる人間の困りごとを解決して、使う側の人間が「なりたい自分」になれるようにする。これがユーザー・ファーストの考え方です。

ユーザー・ファーストも、人が「なりたい自分」になるために助けるというミッションも、人間のために（for humans）という視座で共通していますが、その過程で私は、「ほかの人間を助けるには、まずは自分という人間と向き合う必要がある」と気づきました。

自分がどういう人なのかを発見し、本当の自分を受け入れなくてはならない。なぜならば、私がつくりたいものは私という人間がつくる（by humans）のですから！

もう一つの気づきは、ミッションは自分1人では達成できることが限られているという事実です。人は人に助けてもらわなければなりません。よくコミュニケーションをとり、ときにはリーダーになって会社やチームのカルチャーをつくり、チームにエネルギーを与えながらエネルギーをもらう。優れた人を選び、人を育てる。人間の仲間たちと（with humans）ミッションが達成されていくのです。

そこでこの章では、

・人間がつくる（by humans）
・人間のために（for humans）
・人間の仲間たちと（with humans）

この3つのことについてお話ししたいと思います。

第1章から第3章まで読むと、それなりに努力は伴ったけれども、私が結構スムーズに

「テクノロジーで人を助ける」というミッションを見つけられたという印象をお持ちかもしれません。

しかし、実はそんなに簡単なことではありませんでした。これは、米国に渡って英語がまったく話せないときからＭＩＴで博士課程に臨んでいたときまで続いたことなのですが――、私が対外的に見せている姿と内面とに重大な不一致があったのです。それを克服してようやく自分のパッションを素直に受け入れ、ミッションにつなげていけるようになった話から始めましょう。

英語でコミュニケーションできない

16歳で米国に単身テニス留学した時点で、私ができるのはテニスと数学だけ。英語はさっぱりわかりませんでした。小学校から英語の授業はあったし、両親の影響で英語の勉強はしていましたが、日本で学んだ英語はまったく役に立ちません。

「ワット・タイム・イズ・イット?」は知っていても、米国人の「What time is it?」は聞き取れない。何度言われてもわからず、ついには手首をつかんで腕時計を見られ、「ああ、ワット・タイム・イズ・イットなんだ」とようやく悟りました。この状態で、米国の公立高校にすんなり溶け込むなど無理な話です。

結局私は転入した9月から12月まで、クラスで誰ともしゃべらずに過ごしたのです。
石橋を叩いて渡る慎重派の私は、ひたすらまわりを観察していました。みんなが紙を出しているのを眺めていると、先生が来て私のかばんに手を突っ込み、紙を机に置きます。そのままわりの子を見ていると、どうやら名前を書くらしいので、真似をして書いてみます。

「先生が何か言うたび、みんな鉛筆で何か書いている。ピッピッと2回書くか、ピッピッピッと3回書くかだ」

しだいにパターンがわかってきました。先生が何を言っているかはわからないけれど、どうやら正解と不正解を意味するｔｒｕｅとｆａｌｓｅらしい。正解ならＴで画数2だからピッピッと2回、不正解ならＦで画数3だからピッピッピッと3回書くのだとわかりました。ただ、肝心の問題が聞き取れないので、前の席に座っている男の子の鉛筆の音をすっかり真似て、「音が2回のときはＴ、3回のときはＦ」と書いていったら、１００点が取れてしまいました。

「まったく話さないけど、なんだ、内容はわかってるんじゃない」と先生は思ったようです。

「12月のお休みに入る前に、あなたの声を聞きたい。5分でいいからクラスみんなの前で何か発表してください」

こう言われたと理解したのは、まわりの生徒が身振り手振りで説明してくれたり、先生が私のホストファミリーに連絡したりして、ようやくでした。それならばと一生懸命に文章を書き、教室の前に立って発表したのが、米国で私が最初に言葉を発した日でした。

「日本人は毎日お寿司を食べていると思われてるけれど、実はそうじゃないんですよ。たとえば、お子様ランチに入っているのは、ハンバーグやスパゲッティで……」

恥ずかしい、やりたくない、絶対に笑われるだろう……。そうした予想に反して、教室はとても良い反応でした。

「こんなに上手にしゃべれるの？」

「しゃべり方がかわいい！」

みんなが「かわいい」と言ってくれました。

恥ずかしいと思ったのにかわいいの？　どうも、「スパゲッティ」とカタカナ英語で言ったのが、やたらとおもしろく、かわいらしく聞こえたようなのです。

そこで年が明けてからは勇気を出して英語を話すようにしました。

バカなふりをすれば受け入れられる

日本にいた頃はみんなとちょっと違うけれどもそれでもいい。でもやっぱり、もうちょっとみんなと同じでいたかったというお話はしました。そんな私が米国に来て人間関係がリセットされ、英語でコミュニケーションも取れない。なおさらみんなと違う存在になってしまいました。その距離を埋めようと、ずっとまわりを観察していると、私は自分がつくるべきキャラクターを発見したのです。

私が導き出した、米国の高校生としてとるべき正しい態度は「バカなふり」でした。学校で人気がある男子生徒は、運動が得意なフットボール選手のような人。人気がある女子生徒は、かわいくてちょっとおバカなチアリーダーのような人。１９８０年代の終わり、３０００人も生徒がいる公立高校では、まるでテレビドラマのようなステレオタイプが好かれていました。

それならばと、適応するための実験として試しにバカなふりをしてみると、驚くほど効果がありました。みんなとうまくいくし、どんどん道が開けていくのです。

「知らない、わからなーい」と笑っていると、誰かしらが助けてくれました。友だちもできるし、そうなれば英語も上達します。

「人気がある女の子たちは、トイレに集まっておしゃべりしながら髪を直す」

観察の結果、そうわかるとすぐ試してみました。私は昔から身だしなみに無頓着で、母に「もっとちゃんとした服を着なさい！」といまだに言われることすらあるのに……。

バカな女の子のキャラを演じ、私は急速に周囲になじんでいきました。

フロリダで「ヨーコ」と名乗ると、「あ、オノ・ヨーコのヨーコね」と必ず言われました。ビートルズのジョン・レノンの妻のオノ・ヨーコです。バカな子のふりはしていても、どこかで自分の独自性を保ちたい部分もありました。そこで私は自分の名前を変えようと思い立ちました。

フロリダでの1年の後、夏休みに日本に戻り、今度はカリフォルニアの高校に転校したとき、自己紹介でこう名乗ったのです。

「私の名前は松岡ヨーキーです」

ヨーキーという名前はほかには誰もいません。私だけのオリジナル。17歳の夏の終わりに、カリフォルニアで飛行機を降り立ってから今までずっと、ヨーキーで通しています。

まわりと同調したいという思いと自分だけのアイデンティティーを守りたいという矛盾を抱えながら、私は大学でも、いえ大学院の前半までずっと「バカな子のふり」のキャラクターを演じ続けたのです。

airheadというキャラ

UCバークレーという学問の世界でもトップクラスの大学に入り、プロのテニス選手をあきらめてロボットづくりに向けて電気工学にのめり込み始めても、バカなふりは続けていました。

「教科書？　授業なんて興味がないから買うわけないじゃない」と手ぶらで講義を受けてい

ました。そのくせ、試験前には猛勉強するというパターンです。

　前にお話ししたように、ティーチング・アシスタントやほかの学生の家庭教師を有料でやっていたわけですから、普通に考えたら勉強ができるということはまわりにとっくにバレているのです。しかし、当時の私はそれに気づかず、キャラを演じ続けました。

　そしてすっかりロボット研究に没頭していたMITでの修士課程。ロボットの研究をすればするほど勉強すべきことは増え、難しさも増していきます。それでも私は何でもないふりをしていました。

「なんとなくおもしろそうだから入ってみたけど、すごく興味があるってわけじゃない。だって私はバカだから、適当にやるくらいでちょうどいい」

　ラボにいろいろな人が視察に来るときには、「My name is……」と印刷されたステッカーに自分の名前を書き込んで胸につけることになっていましたが、そのたびに私は「My name is airhead」と書いていました。airheadというのは昔っぽいスラングで、頭が空っぽのおバカさんという意味です。意地になって自分の名前は書きませんでした。

　毎年11月末にある米国の感謝祭は日本のお正月みたいなもので、米国人ならほぼ全員が帰省します。大学のキャンパスは空っぽになり、一年中研究にのめり込んでいる教授や大学院生たちもこのときばかりは休暇を取って家族と過ごします。airheadキャラを演じていたので大っぴらにラボにこもって研究ができない私は、今こそチャンスと1人ラボに行き、ロボットづくりに励みました。感謝祭が終わってラボにみんなが戻ってくるとみんな目を丸くします。

「ヨーキー、すごく進んでるじゃない！」

そう驚かれると、「そうなの。私が遊んでる間に、誰かがやってくれたのかな？」と白々しくとぼけたりしていました。

しかし、ＭＩＴ2年目の感謝祭に転機がやってきました。

その年も誰もいない暗いラボで一生懸命ロボットをつくっていたら、ふらりとブルックス博士が顔を出しました。

「何やってるの？」

「キャッチアップしようとしてます」

「あのね、あなたに言いたいことが、ずっとあったんだ。言っていい？」

「何ですか？」

「バカなふりをしてるの、ずっとわかってるんだよ。ほかの人だって、みんな知ってるよ。自分がＭＩＴにいるということに気が付いていますか？　ＭＩＴは世界トップレベルの人が、もっと上をめざすための場所。バカなふりなんかしていたら時間が無駄になるし、無駄なエネルギーを使うし、本当にバカになっちゃうかもしれませんよ。あなたはＭＩＴ、それも僕のラボにいるんだ。今後もここにいたいなら、振り切ってやってくれないと困るよ」

ショックでした。気づかれていたことが顔から火が出るほど恥ずかしかった。そのうえ、そんなことをしていたら世界一になれない、ラボの研究も続けられないとはっきり言われたことも身にしみました。

その夜は一晩中考え続け、私の心は変わりました。

「バカなふりはもうやめよう。夢中なんだから、夢中ということを隠すのはよそう。自分に素直になろう」

「完璧じゃないと恥ずかしい」という呪い

バカなふりをしていたら機会を逃す。ブルックス博士はそう教えてくれたのでしょう。考えてみれば今までずっと「賞を取るなんて恥ずかしい」と隠したり、「私にはできない」と嘘をついたりして、貴重なチャンスを失ってきたのかもしれません。

私はなぜ、「My name is airhead」にしがみついたのでしょうか？

最初はどうにかして米国の学校に溶け込もうと努力した結果でした。日本ではみんなとちょっと違う程度の話でしたが、米国に渡ったらちょっとどころか、まったく違う世界からの訪問者です。溶け込むためにこの作戦を選択したはずが、いつしか自縄自縛となり、やめられなくなっていたのですね。

もう一つの理由は、母親になり、娘たちを見ていてしだいにわかってきました。一緒にテニスをしていて、娘たちは形勢が悪くなるとわざとできないふりをし、真剣勝負をしなくなるのです。結果、負けても「だって、本気じゃなかったもん」と言えば悔しくないからです。トライして負けるのはカッコ悪いけれど、「だって今回、勝とうとしなかったから負けて当たり前だよ」と言えば、できなかった恥ずかしさを誤魔化せます。

考えてみるとこれは完璧主義の裏返しだといえます。「完璧じゃないと恥ずかしいけれど、つねにパーフェクトではいられない。もし失敗するなら、できない理由がないといけない」、そう思っているのです。

そんなときバカなふりというのは、「できない理由」として実に便利なものです。バカだからできなくても仕方ないじゃない、と。おそらく、昔の私も娘たちと同じように「パーフェクトじゃないと恥ずかしい」という呪いにかかっていたのでしょう。

本気じゃないから、やる気も興味もなくて努力しなかったから、真剣にやっていないから、できなくて当たり前。ほかにも言い訳は無数にあるでしょう。

ブルックス博士の指摘を受け、バカなふりが限界に達したとき、私は恥ずかしさに打ちのめされましたが、すぐにとても楽になりました。もう、「ふり」をしなくていいからです。

今でもプレゼンなどの際に airhead の話はよくしていて、ときには娘たちも聴衆として参加させています。時代が変わっても、バカなふりをしてしまう女性はとても多い。「私はこれでいいんでしょうか?」と相談を受けることもあるので、仕事の場でも折に触れて話すようにしています。

「バカなふりをして私はたくさんのチャンスを逃したし、いろんな失敗をしてきたけれど、それはパーフェクトでなきゃいけないと思い込んでいたからです。本当は、失敗してもいいし、失敗したらほかの人に助けてもらえばいい。airheadという名前で自分を守らずに、自分のままでチャレンジしてください。スーパーヒーローをめざすのをやめたら、バカなふりもやめられるはず」

人に「なりたい自分」になれるようにするというミッションは、まずは自分がなりたい自分になれたから見つけることができたともいえます。こんな遠回りは娘たちにも、ほかの誰にもしてほしくありません。

ユーザー・ファーストの大切さ——for humans

次は、人間のために（for humans）についてです。先ほど人間を中心に置いたヒューマン・ファーストを大事にしていると言いましたが、

「人間社会に生きているんだから、人間が中心なんて、当たり前のことじゃない?」

そう思う人もいるかもしれません。

でも、技術開発やエンジニア、製品やサービスづくりの世界ではそう考えているつもりでも、実際には使っている人間ではなく、自分がつくっているものを中心に置いてしまうことが多いのです。

たとえば、「この人のこの問題は何があれば解決するのだろう」という問いに答えるには、「この人が本当に困っていることは何か」を突き詰めていかなくてはいけません。その人の目から世界を見て、本当に何に対して、どんなふうに困っているのかに寄り添って理解しなくてはなりません。「きっとこれがあったら便利になるはず」という想像と思い込みの世界だけにとどまったものではなく、実際に話を聞いたり、観察したりして初めてわかるのです。

しかし、技術開発にのめり込む人は、「先端技術における今の課題を克服して、より優れた技術に仕上げれば、きっと今よりもっと何かの役に立つ」と、いつしか技術を中心に置いた考え方になってしまいがちです。

トンカチを持った人が何でもトンカチを使おうとするようなものです。本当はネジでしめる必要があるのに「いやいや、自分は最高のトンカチを持っているんだから、このトンカチでやってみよう」とする。その結果、とんちんかんなプロダクトが出来上がってしまいます。ユーザー中心に考えてつくられていないために、実際にはユーザーがやらなくてはいけないことが増えたり、メリットがわかりにくいＩｏＴ家電は世界中に山とあります。「多機能すぎて使いこなせない電化製品」や「ボタンが多すぎて逆に困惑して使えないリモコン」は、典型的な例といえるでしょう。

企業の優秀なエンジニアや技術者はトンカチではなく、もっと高度な技術を扱っているわけで、その技術革新が困難なほどモチベーションが上がり、燃えます。カーネギーメロン大学でコンピューターサイエンスの教授職に就いていた数学者である私の夫も、似たようなことを言います。

「数学の問題は、難しければ難しいほどチャレンジするのはおもしろい。新しい領域を切り開くような難問を解決し、理論を証明していくこと自体が楽しいから、その結果として何を得られるかは原動力ではない」

こういう考え方の人たちは科学や技術の進歩には間違いなく不可欠です。でも、それだけでは人を助けられない。ましてや会社がプロダクトやサービスを通して人々の暮らしを助けるというミッションである場合、技術中心のテクノロジー・ファーストでは限界があります。

開発側のエゴをユーザーに押し付けていないか

企業は大きくなるにつれ、お客さんすなわちユーザーを中心に置くことを忘れがちです。これは別に日本企業だけの問題ではなく、シリコンバレーの企業でも起きていることです。どこの会社も「お客様のため」のようなスローガンを持っていますが、実際はどうでしょうか？　営業部隊は自社が提供しているものをお客さんに売るのが仕事だと思っていて、本当にお客さんの困りごとを理解しているでしょうか。技術開発部隊は技術を開発するのが目的で、お客さんのことを直接見ていないことが多いのではないでしょうか。本音では「こんなすばらしい技術を開発したのだから、早くみんな使い方を発見してほしい」くらいの気持ちなのではないでしょうか。

経営者はどうでしょう？　本当にお客さんの困りごとを解決することを中心に置いた経営戦略をとっているでしょうか。

シリコンバレーでユーザー・ファーストを徹底しているのが旧来のアップルです。iPhoneなどは非常に複雑で多機能ですが、複雑さを隠してユーザーに対してできるだけわかりやすくつくられています。いくつものメニューのレイヤーをたどっていく必要はなく、誰でもいきなり最高難度の写真が撮れるようになっています。分厚い説明書はいっさいありませんし、小さな子どもでもあっという間に使い方を理解してしまうような設計思想は、社内で数多くの審議が重なった結果です。

「テクノロジーが未来をつくる」のではなく、「テクノロジーで未来をつくる」のです。

「たとえ困っていても前向きな人」を選ぶ

ユーザー・ファーストに関してもう一つだけお話ししましょう。

体が不自由な人をテクノロジーで助けるヨーキーワークスの活動では、いつも「どの相談に応じるか」という選択に迫られていました。打診される件数は対応できる数をはるかに上回ってましたから。

「単純に、困っている度合いによって決めればいいんじゃない」

そう思うかもしれませんが、本当にいろいろな人に会っていくうちにわかってきたことは、「前向きな人」こそわれわれが提供するものに対して効果が高いということでした。

体が不自由な7歳のマリアのケースが特に印象的でした。

ヨーキーワークスに来る相談メールで一番多かったのは、「自分の子どもは体が不自由で困っています」というものでした。たくさんの子どもたちが困っている現実がありました。その1人がマリアで、両親に連れられてヨーキーワークスにやってきました。

「マリアは病気で筋肉が動かせないんです。手足だけじゃなく顔の筋肉も普通には動かないので、思い切り笑うことも泣くこともできない。しゃべれませんし、指も本当にゆっくりとしか動かせません。コミュニケーションが取れないんですよ」

マリアが伝えられるのは「お腹が空いた」と「トイレに行きたい」くらい。それも言葉ではなく、車椅子のテーブルに時間をかけてよろよろと手を置き、お母さんや看護師が「お腹が空いてるの？」と尋ねると、またゆっくりゆっくり上を見るので、「そうなのね、お腹が空いたのね」とようやくわかるといった感じでした。

「マリアは自分を表現できないけど、絶対に頭がいい子です。車椅子で過ごし、学校に行けていなくても、7歳児としての知性は備わっています。だから、なんとかしてやりたいんです」

強く語るご両親の言葉にも心を打たれましたが、私は何より、マリアのようすに感じるものがありました。私たちが話している間、マリアはただ、車椅子に座っていました。一見無表情に見えますが、よく見るとその表情には思い当たるものがありました。7歳だった頃の子どもの自分です。両親がほかの大人と話しているときはじっとうしろで待っているような子でしたが、退屈で手持ち無沙汰だったものです。マリアはどう考えても暇な子どもが、「早くお話、終わらないかなあ」と思っているような顔をしていました。

「マリアは確かに普通の子だ。その普通の子どもが、動けない体に閉じ込められているんだ」

力になりたいと思いました。

決め手だったのは、ご両親がとても前向きで心の豊かな人たちだということでした。

「うちはお金もないし、娘はこのとおり体が不自由です。でも幸せに暮らしています。だから もっと幸せになるためにここに来ました」

外から見たら結構大変な境遇であっても、前向きでポジティブな見方をする人たちです。こういう家族は少しでも状況が改善するとそれに力を得て、良い方向に物事が動いていきます。

ユーザーとクレーマーの境界線

残念ながらマリアの家族と対照的な家族も数多くいました。自分たちは不幸であり、何をやってもしょうがない、というスタンスの人たちです。こちらからいろいろな技術や解決策を提供しても、ものの見方がネガティブなままで、「どうせ何も変わらないだろうけど」というスタンスが変わりません。それなりに役立つものが出来上がっても、奇跡のような効果がないとみるや「やっぱり何の意味もない」と結論付けてしまうのです。

かわいそうなのですが、少し厳しい言い方をすると、この人たちは自分たちが不幸であるということに共感してほしいか、その裏付けとなるものを探しているようで、多少なりとも何かの手助けになりそうなものを提供してもあまりインパクトがないように思えました。こちらは時間とリソースが限られているので、最もインパクトを感じてもらえる人たちに対象を絞らざるをえません。そこで、「たとえ困っていても前向きな人」を選定基準の一つにしました。

このことは企業にとってのユーザー・ファーストを考えるときにも重要です。人生に対して不平不満ばかりで批判的に過ごしているユーザーは、いくらテクノロジーで解決策が多少なりとも提供されたり、さまざまな機会が与えられたりしたところで、決して満たされることはないかもしれません。あるいは何か一つの困りごとが満たされたら、満たされていないもう一つを見つけてしまって、そちらのほうが解決されなかったと文句を言うかもしれません。ユーザーのはずがクレーマーになってしまうのです。

そうした人たちの困りごとは私たちが提供する解決策やテクノロジーで軽減させる困りごとではなく、もっと深いものなので、やりとりを続けていても双方とも不幸せになるだけです。

企業によっては一部のクレーマーに対する恐怖心が先に立ち、大多数にとってメリットがありうる価値の提供を躊躇することがありますが、それは本当のユーザーが誰かを見誤っているといえます。

ユーザー・ファーストであっても、助けられたいユーザーを助けないとインパクトはありません。その意味で、ポジティブなマリアとそのご両親は、私がぜひ助けたい人たちでした。ヨハナで幅広くサービスを展開することになった現在でも、この考え方は大事にしています。

忙しくてパンクしそうな人のための新サービス

ユーザー・ファーストはパナソニック ホールディングスの子会社として生まれたヨハナのサービスを設計するうえでの基本方針でもあります。

自分の時間がつくれなくて「なりたい自分」になれない人はたくさんいます。本を読みたい。大切な家族と、大事な友だちともっと時間を過ごしたい。でも、タスクは山積み。友だちに気が利いたプレゼントをあげたいと思うことで、さらにタスクが1つ増えてしまう。全部完璧にこなそうとしてパンク寸前、精神的な余裕はゼロ。日々の忙しさに追われてミッションについて考える時間も気力もない……。

「私は何のためにこんな思いをしているのだろう」

こんな困りごとに悩んでいるユーザーに寄り添ったサービスが、次世代コンシェルジュサービスのヨハナです。

ヨハナユーザーのペインポイント（悩み）は、私自身のペインポイントとして痛感したことであり、コロナ禍で緊急事態になったことでもあります。

米国の統計局のデータによると、2020年から2022年の間におよそ180万人の女性が労働市場から脱落しました。在宅勤務であれば子どもを見ながら仕事ができるなんていわれていますが、とんでもない誤解です。

　パンデミックの初めの頃は学校も休校し、再開してもオンライン授業が中心でしたから、子どもがいつも家にいる状態でした。「ママ、見て」と子どもが嬉しそうにやってきたらビデオ会議をミュート（消音）にして、子どもに「あっちに行ってて」と言わなければいけない。泣き出す赤ちゃんやキャーキャー叫ぶ幼い子どもがいる親たちは、どんなに大変だったことでしょう。「コロナでベビーシッターも頼めないし、幼稚園に預けることもできない。でも、子どもがいたら仕事ができない」という結果が、１８０万人の離職なのです。

　同じ統計データによると、男性は２０２２年までにはコロナ前の雇用水準に戻りましたが、女性はまだです。こんなジェンダーギャップはなぜ起きるのか。日本よりも社会進出が進んでいるとされている米国でも、結局は家庭や子ども、教育まわりのことは女性、母親がこなすという現実があるのです。

　双子の娘はもう高校生、末っ子が小学生の私ですら、もともとバランスが取れているとは言いがたい生活がコロナ禍で一気に崩壊しました。幸い、夫は非常に協力的でしたが、それでも私がこなさなくてはいけないことが山積みになり、ＴｏＤｏリストが限界を超えてしまいました。

　世の中には私のような人が大勢いる。今のテクノロジーでは家庭で必要とされる手助けが全然できていないんだ。多くの人に「なりたい自分」になるための時間と心の余裕を持ってもらいたい。そんな思いで創業したのがヨハナです。

私の代わりに選んでくれ、手配してくれる

ヨハナは日本語では次世代コンシェルジュと説明していますが、正確にいうと、スマートフォンのアプリかウェブのブラウザー経由で、タスクをどんどん任せられるサービスです。いろいろなことを調べてくれたり、選択肢をラインアップしてくれたりします。いろいろなものの注文やさまざまな予約までしてくれます。

　家事代行サービスを頼みたいけど、どこの会社の評判が良いのか、その会社は自分の居住エリアはカバーしているのか。エアコンのフィルター掃除をお願いするなら、どの業者が安くて信頼性があるのか。ハロウィーンに向けて家に飾る装飾を揃えたいけど、どこにどう頼めばいいのか？　子どもの散髪、年に一度の健康診断の予約、子どもを連れていけるレストランの下調べや予約……。

　一つひとつのタスクは自分で調べれば解決可能なものであり、予約やものの購入はさほど難しくなくても、全部積み重ねると時間とエネルギーを消耗してしまい、自分の時間がつくれなくなってしまう。そういうタスクやＴｏＤｏリストをヨハナに投げ込むと、コンシェル

ジュが調べ、提案し、場合によっては予約や購入までしてくれるのです。家族の習慣を共有しておけば、ヨハナが中長期的なスケジュールを一緒に立ててくれます。

ヨハナのシリコンバレーチームは、カスタマー・ジャーニーを日々、一生懸命考えています。どんなお客さんが、どういう困りごとを抱えているのか。われわれが提供するものを使って生活がどんなふうに良くできるのか。実際にお客さんになりうる人の声を聞き、さまざまなデータを集めて検証し、ジャーニーの構想を練っています。

私自身、米国のヨハナにかなり手伝ってもらっています。先日は「父の日」のサプライズパーティとプレゼントを用意しました。ヨハナは夫の好みや予算、家族構成や私らしさなどをトータルして選んでくれ、夫は驚いていました。

「こんなにぴったりのお祝いをしてもらったのは、結婚して初めてだよ！」

両親や友だちにちょっとしたギフトを贈るのにも役立ちます。こちらの大まかなアイデアと費用感を伝えると、いろいろな選択肢を提案してくれるので、私は「これ」と決めるだけで、あとは配送まで完了してくれます。

「外部の力に頼るなんてどうなの？　自分でゼロから選んで贈るべきでしょう？」という考え方もありますし、私ももともとそうでした。しかし、仕事と家族にすべての時間と気力を使い果たし、思い立っても実行するエネルギーもなければ、時間もつくれなかったことが何度もあります。

思い立ったけれど結局何もできなかったという状況よりも、コンシェルジュの力を借りていろいろ提案してもらって、実際に贈ることができたほうが私にも受け手にも良い結果といえるのではないでしょうか。もらった人にしてみたら「考えてくれたの、ありがとう！」という気持ちのほうが、「えっ、コンシェルジュの力を借りたの？　そんなのは嬉しくない」という考えを上回るでしょう。

ヨハナをいち早く使い始めた社内の女性スタッフは、「夫から『僕もいろいろ手伝ってほしいことがあるんだ』と要望され、ヨハナのＴｏＤｏリストを共有するようになりました」と言っています。家のいろいろなメンテナンスや庭の手入れに関することをお願いするようになったのです。

そう、ヨハナは女性のためだけのサービスではありません。最初の段階では、実質的に女性に降りかかっているタスクをこなす位置付けですが、困りごと解決の拡張性は広がります。高齢者が使えるようなサービスも考えていますし、家庭内のいろいろな家電製品と連動して、日々の面倒な選択や多すぎる細かいタスクを考えなくても良くするサービスも構想しています。ハードウエアとソフトウエアの連動ですね。

AIの専門家たちが考えた「人間中心」の設計

ヨハナは、いったいどんな仕組みになっているのでしょうか。これを説明すると少なからず驚かれるのですが、実はヨハナユーザーが直接コミュニケーションを取る相手は機械ではありません。ヨハナガイドと呼ばれる生身の人間です。

「ＡＩ研究者であるヨーキーが、なぜ人間を介在させたビジネスを始めたのですか？」

そう聞かれることも少なくありません。でも、ここまで読んでユーザー・ファーストの意味を理解してくださったみなさんには、私が人間同士のコミュニケーションを重視した理由がなんとなくおわかりいただけると思います。

ヨハナのサービスをテクノロジー・ファーストの発想でつくろうとしたなら、ＡＩのチャットボットのようなものとやりとりする仕組みになったと思います。ユーザーからは見えないバックエンドにはもしかしたらどこかに人間を入れるかもしれませんが、基本、ユーザーとの接点はＡＩに任せたほうが事業規模も一気に拡大できるはずです。

でも、今のＡＩで使い勝手が良いものになるでしょうか？　私や、グーグルやアップルからヨハナのチームに入ってくれたＡＩトップ開発者たちの答えは「まだ」です。ＡＩの最先端で仕事をしていたからこそ、ＡＩだけでは人間のニーズに対応できないと判断したのです。

想定外の質問への対応。アルゴリズムだとわかりにくいけれど人間なら一瞬でわかる誤解や見当違い。提供する選択肢がユーザーの特性に合っているか……。人間の判断力はまだ完全にＡＩには置き換えられません。

最新のＡＩの自然言語処理はあたかも人間と同じような文章を書くことができますが、意味はわかっていません。

現状のＡＩレベルでは、機械であるがゆえに理解してくれないこともあり、ユーザーのストレスが高くなることもあります。チャットボットが理解してくれるまでに何度もやりとりしたり、提案してくるものがいかにも機械のような見当違いだったりすると、ユーザーは「それなら自分でやればよかった」という気分になってしまいます。コンシェルジュの役割など到底果たせません。

発展が目覚ましいＡＩは将来、新しい形で取り入れるかもしれませんが、ユーザー・ファーストにこだわったヨハナは、今のところ人間のガイドを使っています。さまざまなＩＴツールを駆使して自分をわかってくれているガイドが相手ですから、基本情報を何度も伝えなくても済みますし、自分のテイストに合わせた提案をしてくれます。

氾濫するマーケティングとしての「AI」

ユーザーとやりとりをするのはあくまで人間。でもユーザー1人につき1人のコンシェルジュを置くのではコストがかかりすぎます。1人のコンシェルジュが提案やタスクをこなせる量にも限界があります。そこでユーザーとの接点である人間が多くのユーザーのタスクをこなし、個別に最適化された提案をできるようにするために、ヨハナはバックエンドで最新のAIツールを使っています。

ユーザーとの接点はヒューマン・タッチを維持しながら、うしろにはAIががっちりと支えることで、コンシェルジュはさまざまなタスクをこなし、ユーザーに個別最適化した提案ができるのです。

AIと人間のコンビプレーは今後、いろいろな場面で活用されるでしょう。人間には人間が得意なことがあり、AIにはAIが得意なことがあります。AIは人間にはできないパターン認識や計算を一瞬のうちにできますが、人間は今のAIでは識別できない常識的な選択肢とそうでないもの、その人に合っていそうなものとそうでないものの判別を一瞬でできます。

「AIで何でもできる」といわれたり、「AIが進歩して仕事がなくなる」などと怖がられたりしていますが、専門家から言わせるとそれはまだ遠い話です。

今、世間一般にはＡＩを搭載したプロダクトやサービスがあちらこちらにあります。そこで試しに、ヨハナチームがＡＩエアコンやＡＩ洗濯機、ＡＩ冷蔵庫として売られているさまざまな会社の製品を取り寄せ、搭載されたコンピューターのコードを読み込んで分析してみたところ、ＡＩと呼べるものは入っていませんでした。単なるセンサーが温度や重量などを量り、その値によっていくつかの選択肢から機械があらかじめプログラムされた動作を行うだけの仕組みでした。

そもそもＡＩという分野は、実際には数学やコンピューターサイエンスの集合体です。厳密にはどこまでをＡＩと呼ぶべきなのかは解釈によりけりですが、今現在は、新しいデータを読み込むとアルゴリズムが更新される「機械学習」という考え方に沿って進化しています。

つまり、さらなる情報を加えていくことでＡＩの精度は高まります。この機械学習の仕組みは、洗うものの重量を測って洗濯機のモードをＡ～Ｄのなかから選ぶ、という機能には必要ありません。メーカーはあくまでマーケティングとしてＡＩという言葉を入れているだけなのです。似非《えせ》ＡＩの氾濫は、ＡＩの本当のポテンシャルを過小評価しかねない事態を引き起こしますので、これはこれで困ったことです。

ＡＩと友だちになる

余談ですが、かつてネスト・ラボでスマート・サーモスタットをつくったとき、おもしろい発見がありました。私たち開発陣は、空調設定温度を自動的にＡＩで最適化していくことがユーザーにとっても、消費電力の最小化というエコの目的にも最善だと考えました。

最初は、ＡＩが予想した温度そのままに自動調整するように設計しました。ＡＩは賢く、人が好む温度設定をベースにして微調整すれば、快適だし、電力消費も最適化されるというごく自然な発想でした。

しかし、ユーザーはこのＡＩによる完全自動の温度設定に猛反発したのです。

「ＡＩが勝手に決める温度は暑すぎる」

こんな意見もあれば、

「ＡＩが勝手に決める温度は寒すぎる」

こんな具合です。その家庭の基本的な温度設定と行動パターンを学習させた結果の温度設定なのに。

要するに、ユーザーは「自分で設定しない」ということがストレスになっていたのです。ＡＩで最適化した仕組みは、ユーザーにとって嬉しいものではなかったのです。

「ＡＩは自分の対抗相手ではなく、自分の『友だち』という位置付けでなくては受け入れられない」

そう気づいた私たちは、ユーザー自身が好みで温度を調整できるようにしました。しかし、それでは各家庭の電力消費の最適化にはつながらないことが多くなってしまいます。そこでわれわれは発想を変え、ユーザーが自分で調整していて電力消費を最適化できる温度に達すると、エコの葉っぱマーク「ネスト・リーフ」がディスプレーに現れるようにしました。この仕掛けによって、多くのユーザーは自然とリーフが現れる温度に設定します。毎月のメールで今月のリーフの数が報告され、節電状況のデータも送られてきます。

ＡＩを使っているけれど自分でも判断をしていると思うと、抵抗なくＡＩと同じ目的に向かって行動が取れるというわけです。

「Human in the Loop」という言い方があります。ＡＩを使ったシステムでも、どこかに人間が関与しているという考え方です。ＡＩの開発においては、人間を置き換えるリプレース型のものと、人間の力を増幅させるオーグメンテーション型のものとで、早い段階から方向性がわかれていました。もちろん、人間を完全に置き換えて生産性を上げられる領域は幅広いのですが、そうでもないケースも多々あります。

仲間たちとともに——with humans

この章では、人間のために（for humans）、人間がつくる（by humans）についてお話ししてきました。もう一つ大事なのが、仲間たちの存在です（with humans）。

自分1人だけでは、達成できるミッションは限られています。仲間をつくり、人の力を借りながら進んでいったほうがはるかに効果的です。ときには自分がリーダーになる必要があるかもしれません。組織や会社のリーダーでなくても、ムーブメントや考え方、ミッションに賛同してくれる人を増やすという意味のリーダーもありです。

かくいう私自身、ミッションを追い続ける途中で、人の助けを借りなくてはならない場面に何度も直面してきました。

日本で生まれ育つと自然と身につく「人様に迷惑をかけてはいけない」という考え方は、私にとって人の助けを借りることのハードルを高めていました。振り返ると子どもの頃は自分がのめり込んでいたテニスが心と時間の中枢を占めていたので、ほかの面では知らないうちに人の助けを借りていたと思います。満員電車で知らない人に頼んでランドセルから鉛筆を取ってもらうなどはまさにこれでしたが、大人になってからは、意図的に人の力を借りることを躊躇し続けました。

急な必要に迫られて、自分も必死の場合は、人の手は借りやすいものです。私がマッカーサー賞を受賞したときに、顔見知り程度の隣家に駆け込んでラジオインタビューの場所を確保したエピソードはそのケースです。それとは対照的に、本来は自分でやるべきだと前もってわかっていることをほかの人に任せるのは、なかなか大変でした。

たとえば最初に教授職に就いたカーネギーメロン大学時代に双子を産んだあとのことです。当時は産休という制度もなければ、育休という発想もありませんでした。そもそもその頃、大学の機械工学部とロボティクス研究所では女性が私1人でしたから。

妊娠したことがわかるとすぐに所長に相談しましたが、私が初めてのケースだったので「産休制度？　適当につくっていいよ」と言われました。その次に助教を務めたシアトルのワシントン大学も同じで、3人目を妊娠すると私が所属していたコンピューターサイエンス・電子工学部は「そういうケースは初めてだけど、自分で制度の文面を書いていいよ」という対応でした。

人に助けてもらうことを躊躇しない

双子を産んだあと、すぐに仕事に戻ったのですが、すでに時間表がいっぱいなのに子どもの世話もあり、家の中はめちゃくちゃでした。夫はいろいろがんばってくれるのですが、私自身がやらないと気が済まないことがどんどんたまっていきました。

1970~1980年代に専業主婦の母親に育てられた私の感覚からすると、家を掃除しに来てくれる人を雇うなんてとても考えられませんでした。最近では日本でも家事代行サービスが流行り出していますが、当時はまったくといっていいほど浸透していませんでした。キッチンやトイレの掃除は自分でするものだし、散らかっている家の中に他人を招いて片付けてもらうなんて、自分の醜態をさらけ出しているようでまったく乗り気になりません。

ただ、研究、自分のラボ運営、授業、論文執筆、赤ん坊たちの世話、家の掃除、しかも家族で過ごせる時間の確保……。もう全部はこなせない状況になりました。そこでミッションと天秤にかけました。

「ミッション達成に時間とエネルギーが必要。一方で、双子と家族との時間は犠牲にしたくない」。それなら家の掃除と片付けをほかの人に任せるのは合理的、という結論になりました。

やはり最初はさんざんな状態の家を人に見せるのは恥ずかしく、掃除の人が来る前に一生懸命家を掃除しないと気が済まなかったのです。徐々に慣れ始めると、今までどうしてここに時間と労力を割いていたのか、人の助けを拒むことを続けていたのかが理解できなくなりました。

これは家事の例ですが、いろいろな領域に当てはまる話です。何かがある程度のところまで達すると、自分だけでは到底達成できないことがどんどん増えていきます。そこで人の手を借りることを躊躇してはいけません。迷ったときはミッションと照らし合わせてみてください。人の助けを借りて達成できることは？　自分だけで達成できることは？　しかも、がんばりすぎて壊れてしまうリスクも含めて自分だけで達成できることは何か？　明らかに人に助けてもらったほうがミッション達成に近づくなら、迷う必要はありません。

いざ声をかけてみたら、喜んで助けてくれる人も多いのです。ミッション達成の妨げになるようなことは、どんどん任せましょう。

人はリーダーという「人」についていく

シリコンバレーの経済的な強さの要因の一つは人材の流動性が高いことにあります。トップ人材がいろいろな会社を移り変わりながら価値をつくっていきます。ネストのようにアップルという大成功した会社から出て新しい会社をつくり、買収されることで別の大きな会社に加わることもあります。そこを離れてまた新しい会社に入ったり、また起業したり、投資家になったりする人もいます。

私も数多くの人と仕事をする中で、リーダーをフォローすることもあれば、自分がリーダーになることもありました。多くの場合、同時並行です。

組織の移動が多いぶん、人とのつながりが大切です。多くの人が、「今の会社から次の会社に移るとして、今いる１０００人の中で50人しか連れていけないとしたら誰を選ぶ？」とつねに考えています。ノアの箱舟のように、です。

私もそうです。そのため、つねに自分のチームにミッションを語り、一人ひとりをしっかり育て、たとえその人がやめてもコンタクトを取り続けるようにしています。「私の会社に来てください」という誘いではなく、「元気にしてる？」程度でいいのです。大勢に発信するＳＮＳには必要最小限のことしか書きませんが、個人的な連絡はまめに取るようにしています。これはすぐに誰かをポーチングできるように、という目先のことではなく、シリコンバレーではこうやって人脈を保ちながら長く、フレキシブルに付き合っていくという文化があるということなのです。

私についていきたいと言ってくれる人のうち、「ヨーキーと一緒にこういうプロダクトをつくりたい」と、具体的なイメージを持っている人はあまりいません。むしろ「ヨーキーと一緒にいれば、世界を変えられると思うからついてきました」と言ってくれる人のほうがずっと多いのです。つまり、私のミッションに共鳴してくれているということです。

もちろん、彼らや彼女らが持つＡＩの技術力やプロダクトマネージメントの力などをフルに生かせる環境があってこそ、こちらからも誘いの声をかけます。一方、誘って来てもらったけれど会社の方向性が変わったり、社風にフィットしなかったりした場合は、ご縁がなかったということで送り出します。それぞれに自分のチャプターを進めていくだけの力がある人ばかりなので大丈夫です。こうして人材はつねに循環します。

私にはグーグル、ネスト、ヨハナと、会社が変わっても私を支えてくれた右腕といえる人がいます。彼女は思いやりの塊のような人で、「この人がいるから私は激務をこなせている」といつも感謝していました。彼女は先日、そろそろキャリアにいったんピリオドを打とうとヨハナを去りましたが、シリコンバレーの人脈ネットワークのおかげで、サポート役となってくれる次の優秀なチームを構築することができました。もちろん、彼女とは友だちとしてコンタクトを取り続け、お互いに近況報告などもしています。

新しいものをどんどん開発してくれる人、サポートをしてくれる人、出来上がったものを世に出す人など、さまざまな役割を果たしてくれる人たちがいます。違う組織で働くようになっても、オポチュニティーを与え続け、助け合う関係です。

創業者が会社のカルチャーをつくる

米国のいろんなスタートアップや、急速に大企業に育った企業を見ていると、「創業者が会社のカルチャーをつくっている」と感じます。これは会社だけでなく、何かの組織やチーム、そして仲間たちでも当てはまることです。

これまで、シリコンバレーにあるテック企業のリーダーとはそれなりに会って話もしてきました。グーグルはラリーとセルゲイが意見をぶつけ合いながら、下から上がってくるアイデアをどんどん競争させ、ユーザーに受け入れられたものを残すボトムアップ型のカルチャーです。

グーグルは昔から社内の複数のプロジェクトを競争させて、どちらがユーザーに受け入れられるかによって何を残すか決めてきました。写真管理はGoogle PhotosとPicasa、地図とナビゲーションはGoogle MapsとWazeなど、ときにはサービスが乱立してユーザーが混乱することもあります。これはグーグルは最初のサーチエンジンにはサーチ・ボックスしかないという非常にユーザー・ファーストでシンプルな考え方から、今は考え方を変えていることの表れです。

英語で「Throw spaghetti at the wall and seeing what sticks.」という言い方があります。スパゲッティがちゃんと茹で上がっていれば壁にくっつくし、そうでないと落ちてしまいますね。「茹で上がったかどうかは、手当たりしだい壁に投げてみたらわかる」、そんな表現です。

グーグルの意思決定はまさにこれでした。アイデアをどんどん壁に投げつけて、くっつけば「採用!」、ずるっと落ちてしまえば「じゃあやめよう」、そんな感じ。グーグルが廃止したり、一部の機能をほかのサービスに取り込んでからシャットダウンしたりしたサービスは何十とあります。もちろん、日の目を見ることなく途中で開発をやめるものも少なくありません。この考え方にも強みがあり、いろいろな優秀な人のアイデアをどんどん世に出せるのです。

グーグルのボトムアップ型カルチャーと真逆なのがアップルでしょう。スティーブ・ジョブズには直接会っていませんが、ジョブズの右腕だったトニー・ファデルはまさにアップルのトップダウン型カルチャーを基盤としてネストをつくりました。カリスマリーダーが考えたアイデアが上から降ってきたら、絶対に実現するために各チームが必死に動き、実現まで漕ぎ着ける、というスタイルです。

ジョブズの時代から、アップルはユーザーの立場に立って物事を考え、使いやすくさせるために惜しみなく努力し、先進的な技術開発や導入はユーザーとして使いやすい形にします。バックエンドが複雑でもユーザーがいかに簡単に操作できるかを前面に押し出す文化です。トップダウン型とボトムアップ型、どちらが良いという話ではありません。どのカルチャーが自分に合うのか、自分のミッションにふさわしいのか、自分を中心にチームを選択するのが一番だと思います。

そのほか会って話をしたリーダーの中ではフェイスブック（現メタ）のマーク・ザッカーバーグやテスラのイーロン・マスクは印象的でした。一人ひとりを思い浮かべると、やはり「会社のカルチャーそのものだ」と実感します。

フェイスブックのインタビューに呼ばれたときは『LEAN IN』を書いたシェリル・サンドバーグをはじめいろいろな幹部と会いましたが、マークには「今日は1日、オフィスで座っていたから、ウォーキングに行こうよ」と言われました。

フェイスブック本社の中庭は表面だけはお店の形をした街並みになっていて、まるでユニバーサルスタジオにいるようでした。そういうところを歩きながら話すインタビューというのはかなりユニークでした。おもしろく、心地よいオフィスは、同僚とコミュニケーションをとりながら仕事を進めていくのにうってつけの雰囲気でしたね。

テスラは電気自動車の先端を走っていますが、オフィスは質素なことで有名です。近所なので本社の前を通ることがありますが、ランチタイムにテスラの前を車で通りがかった際、フードトラックに従業員が並んでいるようすを見かけて、「会社にランチの施設がないのかな？」と思いました。グーグルとアップルは社内に食堂があり、グーグルは無料なのに対し、アップルはおいしいけれどもかなり高めです。実際、テスラの社内でイーロン・マスクと話をする機会があった際、奥をちらりと覗いたら、外からの印象どおりで、会社のキッチンには冷蔵庫と電子レンジ、あとは椅子があるだけで、がらんとして、おやつの用意もありませんでした。もちろん、これは当時、私が覗いたエリアだけなので、全体がそうなっていたのかということや、現在どうなっているかはわかりません。でも、ガツガツ仕事を進めていく雰囲気ではありませんでした。

テック企業各社を比べるといろいろおもしろいのですが、いずれにせよ、スタートアップも急成長して大企業になったところも、創業者のカルチャーが強く表れる点は共通しています。会社の文化をつくっていくときにいろいろな選択肢がありますが、これを覚えておくことは大事です。

ミッションは繰り返し語る

ミッションを達成するためには人に助けてもらうだけでなく、何かしらの形で自分がリーダーになる局面も出てきます。そこで、リーダーとしての心得も少しお話ししたいと思います。

いかに組織を健康に保つかを書いた『両利きの経営』に、興味深いアドバイスがありました。私なりに言い換えると、こんな内容です。

「大切なことは、１回言っても通じない。みんな『なるほど』と思うけれど、忙しいからすぐに忘れていく」

おもしろい話があります。結婚した翌朝に「あなたを愛してる」と相手にささやき、そのとおりに10年間愛し続けたとしても、その間に一度も「あなたを愛してる」と言わなかったら、10年たったあとに相手は自分が愛されているとは思わない、というものです。リマインドは大切だということです。

　そこで私はヨハナで月に2回、全員が集まるカンパニー・ミーティングを重視しています。「私はこれをします、これがフィロソフィーです」という話を、しつこいほど何度もします。忘れてもらいたくないところ、重要なところは、いくらでも繰り返します。

　何回も何回も聞くと、「わかった。私たちのリーダーは、こういうことを大切にしているんだ」とチームに伝わります。共鳴してもらえれば、チーム一人ひとりにとってそれがいつしか「自分が大切にしていること」になるし、ミッションになっていくはずです。

　ミッションの有無は社員にとって幸せに生きられるかどうかに関係していると私は思っています。「自分が世界に役立っている」という手応えがないと仕事満足度は低く、それがもとで心を病む人だっているのではないでしょうか。

　ただし、達成可能な具体案についてもビジョンを描いて説明することが大切です。そうでないと、ただのスローガンに終わってしまいます。このミッションを達成させるために何をするのか、ということが漠然としすぎると、「自分たちの命があるうちには結局何も完成しないのではないか」と思い、人もついて来ません。

　だからこそ私は、ミッションを語ると同時に、手が届くことも考えるように伝えています。

リーダーはストーリーテラーであれ

さらに言うと、ミッションは繰り返し伝えるだけでなく、わかりやすく伝えることも大切です。どんなに重要で魅力的なミッションや目的であっても、複雑に説明していたら伝わりません。

わかりやすく物語のように説明することを英語でストーリーテリングといいますね。スティーブ・ジョブズやイーロン・マスクを見ていると、ビジョンを説明するのがとても上手で、ストーリーテラーだと感じます。プロダクトやサービスを使ってくれるユーザーはもちろんのこと、投資家やさまざまな仲間を巻き込むのに非常に役立っています。

ストーリーテリングは何もリーダーに限って必要なことではなく、コミュニケーションを取るうえで誰しも自分の道具箱に入れておくべきスキルでしょう。事実関係やデータを淡々と伝えるのではなく、多少なりとも聞き手の感情を動かしたり、共鳴したりするようなストーリーに組み込んだほうが効果的です。私もグーグル時代に、「このビジョンのプロダクトをつくらなかったら、将来のグーグルはありません」という、ちょっと神妙な語り口で相手の注意を引くように心がけていました。

具体的なアイデアをチームに説明する際も、やはり物語のようにわかりやすくするのが肝心です。そのうえで、ミッションと同様、繰り返ししつこく話します。特に難しいコンセプトやプロダクト、新しいサービスを実現するにあたっては、説明も回数を重ねないと伝わりません。

ヨハナを含めて今までの経験を振り返ると、あるアイデアを初めて説明したとき、チームのみんなは「やりたくない、だめ、考えられない」とたいてい否定します。2回目に同じことを言うと、「なんであんなこと言ってるんだろうな?」と不思議がります。おもしろいのはここからで、3回、4回、5回……6回目ぐらいになると、「ヨーキーがああ説明しているけど、あれは私のアイデアなんだよ」と言ってくれるようになるのです!

チームにエネルギーを与え、エネルギーをもらう

チームにはエネルギーがあると私は思っています。エネルギーがポジティブな方向に向かっていれば、共鳴し合って元気が出るし、アイデアもどんどん浮かぶし、実行に移すのもスムーズです。課題に直面したとしてもよく相談し、突破しやすくなります。変な政治的な争いも起こりにくくなるという気がしています。

しかし、チームのエネルギーのレベルが落ちてきたり、ネガティブな方向を向き出したりすると、いろいろな負の連鎖が起こります。士気は下がり、アイデアも湧いてこなければ、

あまり効果的にも実行されない。中で論争が起きやすくなり、力関係を巡る政治的な動きや人間関係のこじれがどんどん生じてしまいます。

私は社員の多くと「ワン・オン・ワン」と呼ばれる個別のミーティングも定期的に行いますが、全体で集まるカンパニー・ミーティングでこまめにケアしています。

カンパニー・ミーティングのテーマはあまり固定せず、その日のようすを見て話すべきことを考えます。ヒントとなったのは雙葉時代の思い出です。月曜の朝にはシスターが来て、「今週のお話」を聞く習慣がありました。シスターたちは何かニュースがあった日はその話をし、その内容に合わせた教訓を述べて「みんなこういうことを大切にしていきましょうね」と締めくくるのです。

オーディエンスの反応に合わせて話しかたも調整します。これは、大学教授の頃に身につけました。難しいことをどんどんレクチャーしても、学生たちにわからなければ意味がない。そこでみんなが眠そうな顔をしていたらレベルを下げてゆっくりめに話す、ジョークを飛ばすといった工夫をしていました。

いろいろな会社で働いていた時代には、プロダクトのローンチイベントやセミナーを通じて、オーディエンスに合わせて話の内容を調整する手法を学びました。理系の話が好きそうな人たちなら数学の話から入ったり、女性が多かったら彼女たちの関心が高い話を入り口にしたり、なるべくオーディエンスとつながるようにするのです。

話しかたと話の内容を調整しながら、エネルギーのギブ・アンド・テイクをするというわけです。一方的に自分のエネルギーを渡すのではなく、オーディエンスからエネルギーをもらい、それをさらにオーディエンスに返していくのです。

オーディエンスとのエネルギーのやりとりは、テニスを通じて早くから体得していたような気がします。

まだ日本にいてシャイな気質が前面に出ていた10代の頃は、勝てそうな試合であっても「誰も観に来ないでほしい、見ないでほしい」と思っていました。しかし、米国に来てから気が付きました。たくさんの人の応援があるほど、エネルギーをもらっていいプレーができるのです。

大学の頃は、みんなが観に来てくれると「あ、来た、来た。これでもっとエネルギーが出せそう」と思ったし、拍手をしてもらうと元気が出て、「よし、行くぞ！」と力が湧きました。特に負けそうなときのまわりの応援は、エネルギーとして全部、体に入り込む感覚がありました。「さあ、これで巻き返すぞ！」と、メンタル的に持ち直したものです。

でも、何もしなくても自然発生的にオーディエンスからエネルギーをもらえるとは限りません。もちろん、どんな状況でも応援してくれる友だちなどはいますが、オーディエンスのほとんどはプレーの内容に反応します。こちらがエネルギーを与えて応援したくなるようなプレーの姿勢を見せることで初めて応援してくれるのです。

グランドスラムなどの大舞台で、対戦後に勝った選手がコート上でインタビューを受けることがありますね。多くの選手が「応援してくれた皆様、ありがとうございました」と述べることが多いのは、優等生的発言でも、観客に気を遣っているからでもないのです。実際にオーディエンスからエネルギーをもらっているのです。

ほめることを忘れずに

良いエネルギーを与えるから良いエネルギーがもらえる。これは一種の人間同士のコミュニケーションです。

大勢の前で話をするときも同じで、コミュニケーションは一方通行ではありません。

現在、ヨハナの社員数は５００人ほどですが、カンパニー・ミーティングのたびに私は感覚を研ぎ澄まし、「みな何か心配事があってエネルギーが落ちていないか、忙しすぎて落ち着かないエネルギーになっていないか、みんなわくわくしているだろうか」と感じ取ろうとします。

なんだか元気がなくて不安な雰囲気なら「やる気を取り戻してもらおう」と対策を考えますし、逆にやる気に満ち溢れているなら「そのエネルギーでお互いを応援してね。私もエネルギーをもらうから」と助けてもらいます。

与えるばかりだと続かない。みんなを助けるほどの力はないから、ときには助けを求めて力をもらう。これはとても大切なことで、与えたり与えられたり、助けたり助けられたり、エネルギーを循環させていくことが重要だと思うのです。さらに、この循環こそ、世界を変える流れをつくるのではないでしょうか。

一つ付け加えると、自分のチームの士気を保つには、ほめることも大事です。

ヨハナの社内文化を経験したパナソニックグループの人がこう言ってくれました。

「日本のフィードバックはほめるのが10％、問題点の指摘が90％という感じですが、ヨハナのフィードバックは80％ほめてくれて、問題点の指摘が20％だと感じます」

私が今まで経験してきたマネージメント手法はいろいろですが、米国ではマネージメント層向けのコンサルタントがリーダーに対して行う研修で、良いチームを維持していくには「ほめ言葉5に対して、批判が1の割合ぐらいがいい」と教えます。もちろん、ほめ言葉が非常に少ない強いリーダーなども大勢いますが、一般的に良い雰囲気と士気のチームはこの5対1ぐらい。それに沿った社内文化をつくる努力をしています。

何かいいところを見つけたら、その場ですぐに「あなたのやり方で良かった！　うまくいったね」と、認めてほめる。そうすればときには厳しく改善すべきことを伝えても、バランスが取れているから部下は傷つかずに改善していけるのです。

「あなたを信頼している。仕事もいい方向に向かっている。でも、今回のこの点はだめです」

リーダーがこうしたフィードバックをしていけば、良いチームになれるはずです。

人を採用するときの「7つの選択基準」

チームのエネルギーは、当然ながらチーム一人ひとりが源です。チームの構成員を決めるのもリーダーの大切な役割に違いありません。どんな人を採用するかと考えるにあたって、私はいくつか選択の基準を設けています。

1．スキルセットが自分と異なる人を選ぶ

自分と同じ専門分野の人の能力は評価しやすいし、話も合いやすいため、ついそういう人ばかりを採用してしまう誘惑はつねにあります。でも、自分にはできないことを上手にこなせる人の助けを得たほうがミッションを達成できるなら？　自分が不得意なことを任せたほうが、自分がのめり込むべきことにのめり込める時間が増えるなら？　そう考えると、自分とは異なるスキルセット（資質や能力、経験などの組み合わせ）を持つ人や、自分では絶対なれない人にチームに入ってもらったほうがいいと思っています。

プロジェクトがある程度軌道にのるまでは自分1人でいろんなことをこなしても、どこか

の時点でほかにどんどん任せなくてはいけません。たとえばマーケティングの場合、いつ、どのタイミングで、オンライン広告をどこにどのようにして打ち、プリント版の広告はいつ、どうやって誰に配るのか。マーケティングの道で活躍してきた人がいれば、その道で学んできたことや自分の経験をチームに持ち込んでくれます。

　また、ほかの人や組織の失敗に学ぶにあたっても、自分とは異なるスキルセットの人間たちの視点が役に立つはずです。

2. 意見が合うだけの人よりも、意見が違ったときディスカッションできる人を選ぶ

「この人となら考え方が違っても、議論しながら前に進める」と感じられるかどうかは重要です（これは結婚相手も同じかもしれません）。

　異なる意見を持っていても、議論の場で言わず、後で文句を言うような人とは建設的な仕事はできません。必要なのは、異なる意見を持っている場合、それをしっかり言えることです。

「考え方が異なっていても、人間として否定しているわけではない」ということを理解している人は、ちゃんと議論の場で述べてくれます。

　意見がいろいろ出てきたあとは、今度はリーダーの役割が大切になります。みんな違う意見を持っていて、たくさんの考え方を出してくると、「調整型」のリーダーの中にはみんな

を納得させる妥協案探ししかできない人もいます。これも建設的ではないのです。みんなの意見を反映させることがユーザーにとってベストなものになるとは限りません。

また、自分の意見をしっかり言えても、その意見が通らないと従わない、という人も困ります。

「Disagree, Align, Commit」という言い方をします。まずは意見が合わなくてDisagree（不賛成）しても大丈夫。でも、議論を通して組織やリーダーが決定したら、それに従わなくてはいけません（Align）。決定された事項には責任を持って取り組み（Commit）、エネルギーを注ぎ込んで、全力で走ります。決断が行われるまで反対意見は述べられますが、その後、組織として決断が下された後も意見が異なるという理由で従わないのはチームプレーヤーではありません。

まわりを自分と意見が合う人でまとめると確かに楽です。しかし、まわりをイエスマンで固めると、見当違いの方向に進んでいってしまう可能性があります。

意見をぶつけ合うことで自分の思考も高められます。議論の中で「自分の意見が必ずしも正しいとは限らない」と考えられるのは、逆に自分への自信からくるものです。それは本当の自分でいられることから生まれる心の余裕がもたらすものです。

もちろん意見の対立には限度があります。そもそもミッションを共有していなかったり、チームとして機能できないぐらい意見がいつも違っていたりする場合は、スピードとチームのエネルギーにも関係してくるので、ある程度までということで、バランスが大事です。ミッション達成のためには異なる意見を持ち、ディスカッションできる人も混ぜたほうが必ず良い結果になると考えると、なおさら意見が違う人も仲間に入れたいと思うようになります。これはのちに紹介する本当の意味でのダイバーシティという考えにもつながります。

3. 優秀かつカルチャー・フィットのある人を選ぶ

これは当たり前すぎるくらい当たり前の話ですが、いくら優秀な人であっても、社内文化と合わない（カルチャー・フィットがない）人はうまくいきません。社内政治を優先させる人、ディスカッションしていて自分が必ず正しくないとだめな人は、チーム全体のエネルギーをネガティブな方向に向けてしまいます。あるいは人一倍やる気があっても、能力や経験が伴わない場合、ミッションに向けて突き進んでいくことの妨げになります。

優秀な人かどうかを評価するのは、各専門分野の人の力を借ります。たとえばエンジニアなら、社内の優秀なエンジニアに評価してもらいます。カルチャー・フィットがあるかどうかは、自分以外に面接した人のフィードバックももらいます。「この人なら一緒に仕事ができそう」という声も大事にします。

でも、社内文化と一言でいっても具体的にはどういうことでしょうか？　私は、実際に社内文化に関するドキュメントをつくって社内でシェアしています。

ヨハナの場合、ヨハナカルチャーをつくり上げているたくさんの項目をビジュアルにして描いた絵が存在します。

全部は載せきれませんが、いくつかピックアップするとこんな項目があります。

・ユーザー・ファースト
・間違い、失敗を恐れない
・意見が言える
・コミュニケーションは多すぎるぐらいに
・コミュニケーションは優しく
・社内政治は「なし」
・ファミリー・ウエルネスを再定義
・仕事の水準はＨｉｇｈ、エゴのレベルはＬｏｗ

こういった項目に照らし合わせてカルチャー・フィットがあるかどうかは、採用時だけでなく、入社後の人事評価に使うこともあります。

ちなみにシリコンバレー向けと日本向けでは内容がちょっと異なり、日本向けにはスタートアップのメンタリティーを強調した内容になっています。たとえば「間違いを恐れてトライしないのではなく、間違った場合はそこから学んで次につなげる」といった項目は日本向けだけのものです。典型的な大企業では失敗を恐れてリスクを避け、チャレンジをしない、いわゆる日本的文化とのコントラストを強調しています。

4．「自分のためでなく人のため」と心の底から思える人を選ぶ

主役はユーザーであると信じ、「人の生活を本当に良くしたい」「まわりと一緒に良いミッションがある会社で働き、世の中を良くしたい」という人をチームに集めたほうが、会社としてミッションを追求しやすくなります。

とはいっても人のために尽くすという姿勢だけが大事とは限りません。採用面接で「自分も使いたいものをつくりたい」と言う人がいたとします。ほかにも多くのユーザーが自分と同じように困っているなら、人のためにもなるし、非常に良いモチベーションとユーザー・ファーストの考え方の原動力にもなるので、大歓迎です。しかし、本心ではユーザーたちのことはどうでもよく、自分がいかにすごいかをまわりにアピールしたいというのであれば話は別です。

認められたい、目立ちたい、アピールしたい、すごい人だと思われたい。そんな考えが人を助けるというミッションに沿った形ではない方向で強くなりすぎる人は歓迎できません。こういう人はたいてい、チームとして高みをめざすのではなく、社内政治的な権力争いに熱心になったり、チームの方向性に否定的になりすぎたりしてミッションの妨げになるのです。

5.「学べる人」を選ぶ

スキルや経験がチームに今求められていることとぴったりマッチしている人でも、新しいことを学べる人を選ぶことが大事です。スポーツの世界ではCoachability（コーチング可能性）ともいいますが、アドバイスを受け入れることができ、本気で自分を高め、まわりと一緒に結果を出すためにアジャストできる人です。言われたことをするだけではなく、自分が持ち合わせているスキルや経験と合わせて、自分もまわりも向上させていきたいという姿勢の人です。

スキルや経験が今はぴったりの人でも、今後の状況が変化したり、新しい取り組みを始めたりする際に新しいことを学べる能力と姿勢があるかどうか。いくらハイ・パフォーマンスな人でも、新しいことを学ぼうとしない場合は行き詰まって、ビジネスの進化に追いついていきません。会社全体の変化をスローダウンさせてしまいます。逆に、今はぴったりの能力と経験を持ち合わせていなくても、いろいろな方法で新しいことを吸収し、自分を高めてまわりも高める、そんな進化を遂げられる人はミッション達成にはとても力になりうる人です。

学べる人なのかどうかを見抜くには、インタビューの際、「こういう状況だったらどうしますか？」と、その人のスキルでは解決できないような質問をしたとき、どう答えるかでだいたいわかります。

6．ものの説明が上手な人を選ぶ

いくらやる気と才能や能力があっても、人に上手に説明できない人は、その能力を発揮することができません。いくらすばらしいプログラムコードが書けても、そのすばらしさが伝えられないと使ってもらえません。いくらアイデアがすばらしくても、まわりが理解してくれないと意味がありません。十分なスキルセットを備え、やる気は人の倍あるのに、説明し出すと何を言っているのかわからない人を面接すると、せっかくの才能が生かされなくて惜しいな、と思いながら見送ります。

コミュニケーションを取らずにチームは成り立たないし、対外的にもいろいろ説明しなくては物事が進みません。特に、新しい分野を切り開いたり、いろいろな人の今までの考え方とは異なる新しいことを理解してもらったりするために説明力は大事です。チーム内でのコミュニケーションがうまくとれないと、あらぬ誤解が生じて、作業だけではなく人間関係にも影響しかねません。日米間のチームではさらにコミュニケーションは難しくなるので、自分の母国語ですら説明がわかりにくい人は問題。ミッションへの追求をスローダウンさせます。

7.「実行力」がある人を選ぶ

スタートアップや新しい事業やビジネスをつくっていく場合、責任者として何が何でもやり遂げなくてはいけない、というスタンスがあるかどうか。あの手この手を使い、必要ならば自分で手を動かして物事を実行できる人が必要です。

「ほかの人やチームメンバーにお願いしたけれどもやってくれなかった」

「指示は出したけれどなかなか思いどおりにやってくれない」

こういうことを言うマネージャーが、実行しなくてはいけないことを実行できていないことに遭遇することがあります。

言っただけでは動いてくれない人たちには異なる方法で説得する必要があるかもしれません。ほかの人にもお願いする必要があるかもしれません。あるいは、自分でさまざまな作業をこなして見本を見せてリーダーシップを発揮しなくてはいけないかもしれません。実行力のある人とは、さまざまなクリエイティブな手段を使い、ときには自分でも動いて泥臭い作業を遠のけずに、自分ごととして捉えて物事をやり遂げる人です。

もちろん、単に努力の姿勢を見せればいいというものではありません。努力さえしていれば評価されるという考え方が日本では結構あるようですが、シリコンバレーでは結果重視です。無駄な努力や効率が悪い努力は評価されません。より賢く時間と手間隙をかけて、効率よく物事を進めてより多くのことをこなしたほうがミッション到達に良いからです。

どうしてもうまくいかない人もいる

しかしながら、これらの選択基準をすべて満たす人であっても、どうしてもうまくいかない人もいます。

面接でいろいろな社内の人とも話し、その人の前の職場の推薦人にも連絡して話を聞き、仕事を始めたらみんなに好かれ、能力も高そうで、カルチャーにもとてもフィットしているのに、結局うまくいかない人もいます。

たとえば、状況が難しくなってくると途端に物事がなかなか進められなくなり、結果として会社全体の動きをスローダウンさせてしまって問題になるような人がいます。平常時は高い実行力を発揮しても、想定外の問題が起こるとそれが著しく低下してしまい、結局は実行力がそう高くなかったことがわかるケースです。

会社のプロダクトやサービスの方向性が変わると、それまではミッションを共有して突き進んでいたと思われた人が政治的な動きをするようになる人もいます。ネガティブなエネルギーを社内のあちこちで撒き散らしてしまうケースです。

こういった人たちは、７つの採用基準をクリアしていて、会社のスターになるような活躍が見込める人たちでした。でも残念ながらうまくいかないということがわかり、次のチャプターに移ってもらうことにしました。

ここで重要なのは、一度雇ったら、最後まで責任を持って雇用を続けるということは、実は双方にとって不幸せかもしれないということです。うまくいかない人は別の組織では活躍の場があるかもしれないわけで、うまくいっていないところに残るのはもったいないともいえます。本当にすばらしい人なのにどうしても合わないということもあるのです。合わない組織側から見ると、うまくいかない人を残すとミッション達成からそれだけ遠のいてしまいます。

本当のダイバーシティとは思考のダイバーシティ

ダイバーシティというと、ジェンダーや肌の色や年齢、ＬＧＢＴＱ＋の人への理解についての話が中心になっていますが、私は多様性が一番必要なのは思考だと考えています。

チームをマネージするとき、リーダーの大切な仕事の一つは、「あらゆる可能性とさまざまな価値観を含んだ意見をどんどん出せる環境づくり」です。

強いトップダウンの組織でも、どこかでいろいろな意見を取り込んでリーダーが自分のものにしています。たとえばスティーブ・ジョブズはほかの人たちが提案したアイデアを最初とで有名でした。

は否定し、しばらくしたら自分で思いついたと本当に思い込んだ形で同じことを提案するこ

一方、ボトムアップの組織の場合、早い段階ではどのアイデアが良いのかはわかりにくく、いったん完成形にして、どれが受け入れられているか選別するスタイルが多いと思います。そのぶん、現場から出てくるアイデアの多様性がより大事になります。みんな同じような環境にいて、同じような意見を出してくる場合、同じような人たちにしか受け入れられないものになってしまう可能性が高まります。そうなると、異なる環境や状況の人たちにはまったく響きません。多様性がないと、ユーザーのペインポイントを理解し、カスタマー・ジャーニーをつくるときの想像力と実情の理解が限られてしまうのです。

とてもわかりやすい例がジェンダーなので、ダイバーシティは単純に男性中心ではなく、女性も含めた意見を取り入れた組織、という解釈がされているのはよくわかります。性別によって経験と考え方が異なる領域が見つけやすいからです。

たとえば何かの発表でステージに立つとき、発表者はマイクを装着しますね。この製品は実は男性の服を前提につくってあるのです。シャツにマイクの部分を留めて、バッテリーとアンテナが入った箱はスーツのジャケットやブレザーのポケットに入れたり、ズボンのうしろのベルトに留めたりするのが基本です。でも、ドレスを着たら女性には留めるところがない！　ブレザーであっても、女性用だとバッテリーボックスを入れるようなポケットもスペ

ースもありません。私がステージに立つたびに、係の人は大変苦労し、ときには背中に直接テープを貼って留めたりします。これは、「大きなカンファレンスに出るのは男性だ」という時代が長かったからでしょう。男性の読者にはこのペインポイントを、この文章を読むまで知らなかった方が多いのではないでしょうか。これは別に文句を言っているのではなく、多様な観点を持ち込まないと誰も気づかないことがあるというたとえです。

多様性が高いチームのほうが最終的に強い

ジェンダーと同じように、年配者と若者の間でも経験や価値観の相違はかなりあります。でも、それだけではありません。ダイバーシティの軸はもっともっと多様です。発展途上国での裕福な家庭出身の人。先進国出身でも経済的に苦しい家庭の人。移民として複数の社会での暮らしを経験した人。大企業を経験した人。スタートアップを経験した人。社長経験がある人……。

多様性のあるチームでブレーンストーミングをすると、全体のコンセンサスがまとまりそうなときでも「でも私が知っている世界ではそんなことは考えない」「私のような人はそんなふうには考えない」など、異なる意見がどんどん入ってきます。それによって議論を深掘りできます。

「別の分野ではこういう議論がすでに起こっていて、こういうアプローチがあり、こういう解決法がある」という視点を持ち込んでくれることもあります。私が研究者のときに、当時のロボット工学では限界があったところに、神経学を持ち込むことで次の技術的進展と新しい分野の確立につながったように。

本当のダイバーシティを実現させること自体が目的ではないのです。ダイバーシティを実現したほうが良い結果につながる、つまり手段なのです。

ダイバーシティが少ないチームや組織のほうが、今、中にいる人は居心地がいいかもしれません。自分とは違う人たちを入れることで、自分が想定していなかった意見や価値観が出てくるかもしれませんから。物事を思いどおりに進めたいなら、内輪で議論を完結させたほうが早くて楽です。しかし、深い議論から生まれたアウトプットはより多くの人のペインポイントを捉えてくれるはずです。ミッションを実現するために、多様な人を受け入れるのは良い結果を生み出す手段なのです。

ダイバーシティの議論は、「今、疎外されている人を受け入れたほうが彼らに優しい」という考え方で行われていることが多く、それはもちろん大事です。でも、受け入れる側のメリットも含めて議論しないと大きな目的を見落としてしまいます。

ダイバーシティは「世間的には必要とされているから目的にしている」のではなく、多様性が高いチームのほうが最終的に強く、ミッションを達成できるからめざすのです。

チーム解体というつらい判断

with humans の話の最後に、仲間にまつわる私の非常につらかった経験をお話ししましょう。カンタスのときの話です。当時の従業員は１００人ほどいました。当時の経緯はメディアにも詳しく取り上げられていますが、この会社は結局、ウエアラブルを使った血圧のリアルタイムモニタリングという技術を商用化できませんでした。カンタスの高いポテンシャルは投資家を引き付け、私もそのポテンシャルを評価してＣＥＯとして参加しました。でも、いざ中に入って深いところまで突き詰めていくと、その技術は商用化できるレベルには到達できないと判断しました。

　スタートアップは現在投資してもらっている資金が底を突く前に、次の資金集めをしなくてはいけません。その際、どこまで製品化のメドが立っていて、どんな成長ストーリーを描けるかが鍵となります。しかしカンタスは、新しい投資を募ったところでそのままでは製品化は無理だと判断せざるを得ませんでした。

　自分のミッションを達成するためにＣＥＯとして入った会社が、実は行き詰まっていて、次のステップがないということを理解したがゆえの難しい判断でした。でも自分自身に嘘はつけないし、「技術的には可能です」と偽りのストーリーを描いて新しい資金を調達し、いつかブレークスルーが起こるのを期待するというのは、技術者の専門家として絶対できないと思ったのです。

私はこの会社に投資したベンチャーキャピタリストの紹介でＣＥＯとなったので、招き入れてくれた彼がそれ以上損失を出さないよう、本音でやりとりすると決めて説得しました。残念がっていましたが、理解を得られ、お互いの信頼関係も保てました。カンタスのようなシナリオはシリコンバレーではめずらしくありません。

すべてはミッションがあっての判断でした。ずっと後になって、技術的にはまだできないことを「すでに完成した」と偽って多額の資金を集めた事件が世間を騒がせることになります。

しかし、私のカンタスでのチャプターが終わる前に、最も大きな試練が残されていました。リストラに伴う大幅な人員削減でした。大半の人に去ってもらわなくてはならなかったのです。

ＭＩＴの大学院生が創業した会社だったこともあり、カンタス本社はボストンにありました。カリフォルニアに住んでいる私は頻繁に飛行機で大陸を横断する生活でした。４人の子どもの夕食を終えた夜９時に出発し、５時間半のフライトで現地時間の朝６時半に到着する深夜便です。日中、くたくたになるまで活動しているから、深夜便は体にこたえます。しかし、リストラのためのあのフライトほど、つらいものはありませんでした。

「今から気を失うかもしれません」

会社の売却は企業価値に多大な影響を与えるため、筆頭株主の投資家とのみ協議をして合意し、そのほかの人には何も言えません。どんなに信用している人でも、情報漏洩のリスクを考えたら教えることはできないのです。かつて私がネストの売却をほかの社員と一緒に、ある日突然知ったのと同じです。

売却は会社にとっても、社員にとってもポジティブな場合があります。たとえば社員が保有しているストックオプションが大きな価値になったりする面もあります。

リストラも実は同じで、いつもネガティブとはかぎりません。方向転換したり、会社のミッションと文化のアラインメントを保つためにリストラをしたりする場合、双方とも合わない人たちに次のチャプターを探してもらうきっかけにもなりうるからです。

でも今回は大規模なリストラで、ある日突然、リストラを社員に伝えるものでした。それを実行するのが私の役割です。重い気持ちで搭乗しましたが、思っている以上にストレスを抱えていたようです。深夜便の真っ暗な機内、ほとんどの乗客が眠っていて、私もうとうとしていましたが、急に気分が非常に悪くなりました。もともと低血圧で意識を失うことを経験していたので、気絶する前兆だとわかりました。咄嗟に隣の席の人を揺り起こしました。

「すみません、私、今から気を失うかもしれないんです。助けて」

覚えているのは最後にこう伝えたことで、気がついたときには飛行機の通路に、酸素マスクをつけて横たわっていました。目を開けると、乗務員やまわりの人たちが「ああ、意識が戻った。良かった」と口々に言っています。

「ボストンに到着するまでまだ時間がかかります。最寄りの空港への緊急着陸を検討していますから安心してください」

乗務員に説明され、「私はもう大丈夫、そんなことはしないで」と答えました。機長室とやりとりをして症状などを伝え、そのままボストンに向かうことになりました。

まだ薄暗いボストン空港には、飛行機からすぐ搬送できるように、救急車が待機していました。大変なことになりました。

「救急車に乗っている場合じゃない」

カンタスはメディカルテクノロジーの会社ですから、社員には心臓専門のお医者さんもいました。到着してすぐ彼に電話をして症状を伝えると、「どんな病院に連れていかれるかわからないから、救急車には乗っちゃだめだ。僕がボストンで一番いい先生のところに連れていくから待っていて」と、早朝にもかかわらず病院に連れていってくれました。

「心臓や脳は特に悪いところはありませんね。ただ、ひどい脱水状態になっています。点滴をしていますが、今日は1日ゆっくり休まないと」

検査結果に「わかりました」とうなずきましたが、もちろん休めるわけがありません。私は何かに夢中になると、食べたり水を飲んだりするのを忘れたり、トイレにも走っていくありさまになります。

「いつものパターンだ。またやっちゃった」

迎えに来てくれた心臓医の社員とともに会社に向かいましたが、彼はとても親切で、それがとてもつらかった。

その日のリストラには彼も含まれていたのです。

会社に到着すると、みんなに集まってもらいました。

「会社にこういうことが起こったので、大規模なリストラをすることになりました。対象の方には書類をお渡しします」

封筒が配られ、受け取った人はすぐに荷物をまとめて会社を去ります。

救いだったのは、その後、いろいろなメンバーがアップル、アマゾン、アルファベット、フィットビット、ナイキ、マイクロソフト、サムスンなどで活躍したとメディアの記事で知ったことです。米国のスタートアップでの大幅なリストラはめずらしいことではなく、能力がある人たちは次の就職先には困りません。ただ、多くの人にとってつらい経験です。

私にとっても間違いなく今までで最もつらい経験の一つで、これを乗り越えられたのはミッションがあるからでした。

第5章

選択を最適化していく

selection optimization

選択肢と自分の価値観を「見える化」する

外から私のキャリアを見ると、たくさんの人生のチャプターのページをめくる中で、大胆に、ときにはパッションのままに選択をしてきたように見えるかもしれません。でも、実はまったくそうではありません。

子どもの頃からとても慎重な性格でしたから、いろいろな選択肢を徹底的に検証するくせがついています。自分が大切にしていることを並べ上げて、それぞれの選択肢がどのようなものなのかを見極めるのです。これは頭の中での話ではなく、本当に手を動かして紙に書き並べたり、パソコンに打ち込んだりします。

いってみれば選択肢と自分の価値観の「見える化」です。

人生で新しいチャプターを開くたびにこの手法を使ってきました。日常のプロジェクトや事業に関しても、即断即決で突き進むことは実はほとんどありません。

好奇心が旺盛で「おもしろそうだから、まずやってみる！」とばかりに未知なるものにどんどん挑戦する性格ではないのです。もちろん、そういう性格の人はそうやって選択すればいいわけですが、私のような慎重な人でも大きな方向転換や新しいキャリア、未知の世界に踏み込むときに使えるメソッドですので、紹介したいと思います。

たとえば今の仕事と、オファーが来ている3社の仕事（あるいは興味がある仕事）を比べたいとしましょう。

1．カテゴリーをつくる

まず、仕事と自分の価値観のカテゴリーをつくります。たとえばこんな感じです（図表1）。これはあくまでサンプルで、私が実際に使っているものはこの3倍以上あります。

いくつか説明しましょう。たとえば「自分のスキルと仕事のフィット感」。仮に、自分の道具箱に「技術の製品化、量産化」という道具がまだ入っていない状態だとしましょう。もし、候補になっている仕事をすればそうしたスキルを学べそうでしょうか？　そうしたことを考えていきます。「レベルも含めて」というのは、オファーがリーダーとしてのオファー

図表1

カテゴリー
自分のスキルと仕事のフィット感（レベルも含めて）
組織のマネージメント vs. テクニカルな仕事のバランス
人の質
予算取り（自分のプロジェクトと自分のチーム）の簡単さ
社内政治（勢力争いや権力闘争は嫌い）
文化（自分と合いそうか）
家からの距離（近いほうが良い）
勤務時間のフレキシビリティ（フレキシブルなほうが良い）
子どもたちとの時間を守れる
出張の頻度（少ないほうが良い）

であったら、リーダーとして引っ張っていく段階に自分は来ているのか、まだ早いと思うか、といったレベル感です。

人によって、いろいろなフィット感やレベルの要素があると思います。

カテゴリーはできるだけかぶらないようにしますが、それでも連動するものはあります。たとえば「家からの距離」と「子どもたちとの時間を守れる」は関係しています。家からの距離が遠いと子どもたちとの時間は削られます。一方で、家から近くてもかなり忙しいと、子どもたちとの時間は減ります。ただし「勤務時間のフレキシビリティ」が確保できれば、忙しくても子どもたちとの時間が確保できる可能性は高まります。こういう重複は気にせずに、自分にとって大切なことをカテゴリーとして書き出します。

図表2

カテゴリー	ウエイト（自分にとっての重要度）
自分のスキルと仕事のフィット感（レベルも含めて）	7
組織のマネージメント vs. テクニカルな仕事のバランス	5
人の質	9
予算取り（自分のプロジェクトと自分のチーム）の簡単さ	4
社内政治（勢力争いや権力闘争は嫌い）	6
文化（自分と合いそうか）	8
家からの距離（近いほうが良い）	7
勤務時間のフレキシビリティ（フレキシブルなほうが良い）	6
子どもたちとの時間を守れる	10
出張の頻度（少ないほうが良い）	8

2．カテゴリーごとにウエイトをつける

次は、それぞれのカテゴリーが自分にとってどのぐらい重要なのかウエイトを付けていきます。私の場合は最低得点を1、最高得点を10に設定しています。たとえばこんな感じです（図表2）。

3．値を入れていく

各カテゴリーに入れる値を推測します。面接でのやりとりや、実際に勤めている人からの話などをもとに、その会社は自分が大切にしている各カテゴリーでどのぐらいのスコアなのかを予想していきます。この段階では正確に

図表3

カテゴリー	ウエイト	A社	B社	C社	今のまま
自分のスキルと仕事のフィット感	7	10	8	7	8
組織のマネージメント vs. テクニカルな仕事のバランス	5	6	7	6	7
人の質	9	8	8	7	9
予算取り（自分のプロジェクトと自分のチーム）の簡単さ	4	9	6	4	5
社内政治（勢力争いや権力闘争は嫌い）	6	4	6	8	4
文化（自分と合いそうか）	8	8	6	8	6
家からの距離（近いほうが良い）	7	10	6	3	6
勤務時間のフレキシビリティ（フレキシブルなほうが良い）	6	8	6	4	5
子どもたちとの時間を守れる	10	7	6	4	4
出張の頻度（少ないほうが良い）	8	8	4	6	4

わからないことも多いですが、自分が受けた印象とかき集めた情報で点数をつけていきます。

忘れてはならないのは「今のまま」という欄も含めることです（図表3）。

4．それぞれの選択肢のスコアを出す

今度はそれぞれのカテゴリーのウエイトと、各社のスコアを掛け算します。

A社の場合、「自分のスキルと仕事のフィット感」はウエイトが7、スコア10なので7×10＝70で、「組織のマネージメント vs. テクニカルな仕事のバランス」はウエイトが5、スコア6で5×6＝30となります。各スコアが出たら、70＋30＋……と縦に足し算し

図表4

カテゴリー	ウエイト	A社	B社	C社	今のまま
自分のスキルと仕事のフィット感	7	10	8	7	8
組織のマネージメント vs. テクニカルな仕事のバランス	5	6	7	6	7
人の質	9	8	8	7	9
予算取り（自分のプロジェクトと自分のチーム）の簡単さ	4	9	6	4	5
社内政治（勢力争いや権力闘争は嫌い）	6	4	6	8	4
文化（自分と合いそうか）	8	8	6	8	6
家からの距離（近いほうが良い）	7	10	6	3	6
勤務時間のフレキシビリティ（フレキシブルなほうが良い）	6	8	6	4	5
子どもたちとの時間を守れる	10	7	6	4	4
出張の頻度（少ないほうが良い）	8	8	4	6	4
合計スコア	—	548	441	403	408

ていき、A社の合計スコアを出します。全社について同様に行います（図表4）。

5. スコアを自分の気持ちに照らし合わせる

スコアが出ました。さあこれで選択は決まり！――というわけではありません。ここから自分の気持ちと照らし合わせて調整していくのが大事なのです。直感は大切で、その原因を深掘りすることでどんどん選択の深みができます。

もともと自分の価値観が入ったカテゴリーとウエイトなので、スコアと直感は一致していることもありますが、ズレていることもあります。

たとえばA社のスコアは５４８と、ほかに比べてかなり高いですね。でも直感的に「あれ、A社と他社と比べて、そこまで大きなパッションの差がないな」と感じたとしましょう。それはなぜだろうと考えます。

もしかしたら自分がA社という選択肢を過小評価していたのかもしれません。いろいろ書き出したことで気づいたことがあったのかもしれません。実はA社には自分が大事にしている要素が結構含まれているかもしれません。

でも、A社が思いのほかスコアが高いのは、ほかにも理由があるかもしれません。自分のカテゴリーとウエイトをじっくり考えてみます。もしかしたらカテゴリーに足りないものがあるのかも？　自分が大事とするカテゴリーが抜けているのかも？

「そうだ、以前の経験で学んだけれど、私は強いリーダーに依存するトップダウン型の組織ではなく、現場から湧いてくるアイデアをどんどん伸ばすボトムアップ型組織のほうが好きだったんだ」と思い出すかもしれません。その場合は、「リーダーシップ型かボトムアップ型か（ボトムアップ型のほうが良い）」をカテゴリーに加えて、計算し直します。

あるいは、自分にとって大事なもののウエイトを調整する必要があるかもしれません。勢力争い的な社内政治が本当に大嫌いで、そのカラーができるだけないところであることが自分にとって大切、と思うならウエイトを引き上げてみましょう。

こうやって調整していくうち、結構な大差でA社のスコアが高かったのが、実はそこまで差が付かなくなった、ということになるかもしれません。これが直感的に合っていると感じたら、もっと客観的に各選択肢の良し悪しを比べることができます。

うまくいかなかったときのコストも考慮

このメソッドを紹介するにあたっては、読者にとって不慣れかもしれないカテゴリーを省きました。最初からいろいろ入れると複雑になりすぎると思ったからですが、紹介した例以外にも、大事なカテゴリーが1つあります。それは「選択をして、うまくいかなかった場合のコスト」です。

具体的には「その会社でうまくいかなかった場合のレピュテーション・コスト（評判が落ちることによるコスト）」や、「今、これをやらなかったらどのくらい後悔するかという機会損失」です。

この新しい取り組みでうまくいかなかったら将来的にもたくさんの選択肢がなくなりそうなのか？　今、これをやらないとこういうチャンスはまたとないのか？　いろいろな人に相談しながらできるだけ客観的に考えます。

私がパナソニックグループに入るかどうか迷っていたときの例で説明しましょう。

最初にオファーが来たときは、感覚的に「ありえない」と思いました。日本の会社はカリフォルニアに家族がいる私にとって遠すぎるし、時差と出張と、日本企業に勤めたことがない私にはカルチャーが合うかどうかわかりませんでした。

ちょうどそのタイミングで私は次のチャプターに向けて動いていたので、いろいろなＩＴ企業やそのほかの分野の世界トップ企業とも話をしていて、いろいろなところからオファーがあったのです。いつもの表をつくって、いつものように迷いに迷っていました。

ミッションは揺るぎません。でも、どこで一番達成できるのか。

いつものようにたくさんの人に話を聞いたら、日本企業もシリコンバレーも良く知る友人に言われました。

「今、パナソニックグループを選んでもほかの選択肢が未来永劫、消えるわけじゃないでしょ。しばらくやってそこでは無理だとわかったとしても、まだほかのところは、数年後には違うプロジェクトであってもヨーキーに来てもらいたいと思うでしょ？　じゃあ行かない理由はないんじゃない？」

もちろん、今あるほかのポジションなどの選択肢のドアはいったん閉まります。でも、本当に意気投合したリーダーとは、具体的な構想が今のものから将来、次のものに発展していても、また話せば一緒に良いことをできる可能性は十分あります。将来の選択肢のドアを完全に閉めることにはならない、と私も思いました。

このメソッドで決めると後悔はしない

このような形で気持ちと直感も含んだ決断をすると、非常にすっきりします。迷いもありません。そして何よりも、「この選択で良かったのか」という迷いが残りません。選択するまではさんざん迷いますが、こうして選択したものは客観的な側面と自分の価値観と気持ちが全部入っており、そのときの自分にとって正しい選択なのです。

私はこうやって大きな人生の各チャプターの選択をしてきました。学者からグーグルＸに移るときも、直近ではパナソニックグループに移るときも。ついでに言うと、昔は彼氏選びにも使いました。そして夫もこれで決めました！（もちろん、後悔していません）

付け加えて言うと、大事なのは、選択の結果、状況が変われば次のチャプターに移るという選択をしてもいいということです。

「決定事項は絶対だ」

「一度決めたら揺らがない」

こういった考え方はしょっちゅう目にしますが、これは必ずしも良いこととは思えません。ときには「自分の選択には責任を持たなくては」と考え、本当に嫌な思いをしていても我慢強く環境に耐えなくてはいけない、という我慢の美学みたいなものすら見てきました。特に日本ではこの傾向が強いように思えます。

でも、どんな選択肢も、外から見た状況と中に入ってからの景色は全然違うことがあります。

私もそんな経験をしたことがあります。

どことは言いませんが、新しい職場に行った最初の日からいきなり呼び出されて「あなたはここにいなくてもいいから」と言われました。実は熾烈な勢力争いの真っ只中に、私が入社してしまったのです。私がそこでやろうとしていたプロジェクトはもっと上の人が私に期待して約束したことだったのですが、入ってみたら私を脅威に感じた人が一生懸命私の邪魔をしてくるのです。

外から見たときにつけた「社内政治」のスコアが完全に間違っていたのです。そのせいで毎日、まったくおもしろくない勢力争いに巻き込まれ、出社するのも、朝起きるのも楽しくなくなりました。

スコアを計算し直すと、そこはもう選択肢の1番目ではなかったのです。ここでは長くいてもミッションは達成できないので、こういう場面に遭遇したら、次のチャプターに向けて新しい選択肢を集め始めるタイミングです。

ミッションがあれば迷いは減る

「今、大変だけど我慢すれば良くなる」

どんな仕事やプロジェクトでもつらいときはあります。忙しすぎて埋もれてしまいそうなときもあります。でも、そこで新しいチャプターへ向けて次の選択をするべきなのか、このまま続けていくべきなのかを決めるには、ミッションがはっきりしていればそんなに長くは迷いません。

「このままじゃミッションは達成できない」

こう考えるようになったら次のチャプターに進むべきです。次のチャプターに進むべきだということ自体が選択です。

この選択肢を選ぶと、ほかの選択肢が未来永劫、全部消えてしまう。それが怖くて一歩が踏み出せない人もいますが、そんなことはありません。序章で紹介した大学での私の卒業式演説のとおり、次のチャプターの先にはまた別のチャプターがあるのです。選択をするその瞬間、たとえばほかの会社からのオファーはいったん断るわけですが、面接で会った人たちや自分の価値観と照らし合わせて自分が成し遂げたいことも見つめ直しているので、それによって開ける選択肢もあります。また、自分の基盤となるスキルや知識の道具箱に何を追加するべきか、ということも明確になります。

最近の日本では昔に比べたら選択肢も増えているように思えます。昔の日本では一度大学を卒業してどこか大企業に就職すると、もう途中ではなかなか転職できない世界でした。大多数の人が生え抜きで、中途採用もほとんどない時代に大企業を離職することは、もう大企業の世界には戻れないことを意味した片道切符で、多くの選択肢が閉ざされるような決断だったはずです。

でも今の時代はそこまで極端ではありません。中途採用でほかの大企業にも行けるし、スタートアップや外資系企業にも転職できる。自分でスタートアップを起こすにしても、最近は日本のスタートアップエコシステムが発展しているので、選択肢は豊富です。

地位やお金は手段であり、目的ではない

みんな選択はそれぞれですが、私の場合、具体的なポジションや地位は重視していません。「この選択肢だとＡ社のＶＰになれる」とか「これを選べばＣＥＯになれる、社長になれる」というポジションで人生のチャプターを選んだことはありません。それらは手段であり、目的ではありません。ある選択肢が会社の社長である場合、自分の道具箱に社長という経験を加えたほうがミッションに役立つなら、それはそれでいいのですが、あくまで手段です。

先日、有名なビジネススクールで授業のゲストとして招かれ、MBA生たちに向けていろいろなことを話す機会がありました。授業が終わると、ある学生がやってきて「僕がCEOになったらまたお話しさせてください」というのです。

私はこれに違和感を覚えました。別にCEOじゃなくても私と話せるし、ポジションじゃなくて何をやっているのかということのほうが大事です。私のミッションにとって非常に大事なことをしているなら時間を割いて喜んで話しますが、それは社長というポジションじゃなくてもいいというのが、私にとっては当たり前ですが、この学生はそう考えていなかったようです。

それと同じように、私は有名になりたいとも思っていません。私を知ってもらったほうがプロダクトやサービスを広められるならPR活動もやりますが……。

テニス選手になろうとしたのも、目立つためでもなければ有名になりたいという理由でもありません。応援してくれるオーディエンスからエネルギーをもらえるのは確かで、それは好きですが、これも手段であり、目的ではありません。

お金もそうです。もちろん生活に困っているなら収入は必要ですが、私のミッションはお金持ちになるということではありません。収入を最大化させるための最適化を行っていたらまったく別の選択をしてきたでしょう。

こうしたことは私が子どもたちに教えていることです。子どもたちに選択できる未来を与えてあげるためです。

ミッションがあれば最適化はしやすくなる

私はいつも、母親として失格なんじゃないか？　一人娘として日本にいる両親をちゃんとケアできていないんじゃないか？　そんな心配ごとと闘いながらミッションに向けて走っています。その中で子どもたちとの時間と家事を天秤にかけ、家事をすべて自分できちんとやることをあきらめて、そのぶんの時間を子どもたちと過ごすという選択をしました。これは最適化（optimization）という考え方に落とし込むと納得しやすいものです。コンピューターの世界でも、不要になったファイルを消去し、パソコンの空き容量を増やすことを最適化するといいますが、まさにそんな感じです。

小学生の頃、限られた時間でテニスをし、学校の勉強も支障をきたさないようにするために、電車内で勉強したことをお話ししましたが、あれも「制約下での最適化」でした。どこにエネルギーを使い、どこで人の力を借り、何を省くのかを考えていくのです。

子どもたちとは、毎日１人につき必ず10分はその子だけのために時間を取るようにしています。４人もいると40分かかりますが、これを譲れない時間と定めて、ほかのことを最適化していきます。

たとえば洗濯です。夫のシャツや服のたたみ方は私から見ると間違っていたり、適当すぎたりするのがストレスで、たたみ直したりしていました。でも最適化の基準で考えると、「洗濯物をたたむ」という役割ごと夫に任せるのが一番という結論が出ました。任せると決めた以上、私はいっさい口出ししません。家計も夫に任せることにしました。私の性格からすると、本当は詳細に1円まできちんと管理しないと気が済まないのです。でも、家族や仕事などの優先順位を考えて最適化していくと、手放してもいい領域だということが理解できるようになりました。

一つひとつのことは自分でできても、全体を足していくと容量オーバーになることがあります。全方面に努力と気配りをしすぎて疲れ果ててパンクしたり倒れてしまったりするより、「人に任せる」という方法で最適化してほしいと思います。

優先順位に「自分」を入れ忘れていないか

人に任せることは任せられるようになった私ですが、今もめいっぱいの毎日です。ミーティングとミーティングの間のほんの少しの合間もぎゅうぎゅうに予定を詰めているので、ランチの時間がなくなり、エネルギー補給のために、誰かのデスクにあるチョコレートをこっそりもらって凌いだりします。

それどころかトイレに行く時間もなくなるほどで、ミーティングが終わった瞬間に走ってトイレに行き、また走って戻ってくるので、「小学生みたい」と笑われています。テニスラケットとランドセルを背負い、九品仏の商店街を駆け抜けていた頃から、それほど変わっていないのかもしれません。

余裕がない中で、日本の両親に何か心配ごとが起きて、さらにそんなときに子どもが熱を出したりすると、気持ちまで落ち込んでどうしようもなくなることがあります。

米国ヨハナのサービスを動かしながら日本でのローンチの準備もしていた多忙なある日、カンパニー・ミーティングをすると、どうもチームの雰囲気が悪くてエネルギーが落ちている感じがします。月曜日の朝なのにどうしたんだろうと思っていると、あるメンバーからチャットが入りました。

「ねえ、ヨーキー。調子はどう？　大丈夫？」

「大丈夫だけど」と返した途端、「そうか、私のエネルギーが落ちているんだ」と気が付きました。目の前のことに集中してエネルギーレベルを高く上げる努力はしていますが、だめだったようです。

過去には何度か、完全に容量オーバーになって体調を崩してダウンしたこともあります。今回はそのときの二の舞にしてはいけない。原因が私のエネルギー減退だとわかったので、気を取り直し、その日は少しだけ自分のケアをするという選択をしました。

実はこの考え方は私の「コーチ」から学んだことでした。

「Ｍｅ Ｌｉｓｔ」の重要性

米国企業では、幹部にエグゼクティブ・コーチと呼ばれる人たちが付くことがよくあります。たくさんの判断をする経営幹部の体とメンタルの健康状態は経営判断に影響するので、より良い経営ができるように、幹部のメンタルヘルスやウエルネスを維持するための投資という考え方です。経営陣の健康維持は経営マターなのです。

そういうロジックで私にもコーチがついていました。そのコーチとのセッションでのことです。

私は「とにかく忙しいんです。子どものことと仕事のバランスが取れなくて困っている」と伝えました。すると彼女は質問してきました。

「ほかの人じゃなく、あなたについて教えて。自分には何をしてあげてるんですか？」

「自分に何かしてあげる？　そんな時間はありません」

即答すると「自分を後回しにするのは間違いよ。まずは『Ｍｅ Ｌｉｓｔ』をつくりなさい」と言われました。

Ｍｅ Ｌｉｓｔとは、「自分が自分のためにやってあげることリスト」とでもいえばいいでしょうか。米国での暮らしのほうが長くなり、英語で考えるときは性格が変わったとしても、私は日本人で女性です。我慢強さにかけては世界トップレベル、「そんなのするわけないじゃない」と思いました。

「ご提案はありがたいですが、やりません」と数カ月拒否し続けたのですが、相手もプロなので粘り強く薦めてきます。仕方ないので渋々やってみました。

私が私のためにやってあげること……。ちゃんと睡眠をとること、運動をすること、食事をとりあえずスナックで済ませたりせずちゃんと取ること、かな。

「睡眠をとるなんて、わざわざ書く必要があるの？」と思いながら「Sleep everyday（毎日眠る）」と書いたリストを見せたら、やり直しだと言われました。「Sleep enough（じゅうぶんに眠る）」と書いてもだめ。「週５日は７時間以上寝ます」と具体的な数値目標を書いてようやくＯＫとなりました。そこまで数字化することで守れるというのです。

実際にやってみると驚くほどの効果でした。もちろん、守れない日もありますが、具体的な数値目標を立て、達成できているときとできていないときを見える化することで気分が全然違い、エネルギーも上がります。

何よりも、私が率いていたチームから「最近、元気ですね」と言われ、チームにも良いエネルギーを提供していることを実感しました。そのほうがミッション達成に良いので、もっと早くＭｅ Ｌｉｓｔのことを知っていればよかったと思っています。睡眠の重要性についてはヘルスケア大規模リサーチによる科学的根拠もあり、「ヘルスケア事業にかかわっているくせに睡眠をここまで軽視していたとは」と愕然としました。

ＭｅＴｉｍｅを大切に

先ほどの最適化の話とも重なりますが、ＭｅＬｉｓｔに睡眠を入れると、それは「たまにできたらいいな」というレベルのものから「達成しなくてはいけない目標」になります。目標を達成するには、ほかのことを最適化する必要が出てきます。

　定期的にコーチに会うと、「ＭｅＬｉｓｔは守ってる？　自分のために何をやったか説明して」と言ってくれるから、忘れずに自分をケアできるようになっていきました。

　運動もそうです。しばらくは忙しくてちゃんと運動できていなかったのですが、ＭｅＬｉｓｔに「週5回、30分はランニング」と入れました。それまでは早起きして朝、ランニングする習慣をつくろうとしていましたが、なかなか定着できていませんでした。ところが数値目標にすると走るようになるから不思議なものです。

　走った日は、チームのメンバーに「今朝は走ったでしょ？　良いエネルギーだよ」と言われました。実は、朝ランニングできていた日とできていない日では、目に見えて調子が違うということを知っていたようなのです。

「毎週、２時間はテニスをする」

これをＭｅ Ｌｉｓｔに入れてから、出張でいないとき以外は、ほぼ毎週テニスをする時間を設けています。以前は「テニスをするなら子どもを教えながらプレーしたい」と思い、子どもの都合がつかないときはテニスもさぼりがちでした。しかしＭｅ Ｌｉｓｔを知って、純粋に自分のためにテニスをしようと思い直しました。今では、友だちと毎週テニスをすることが本当に自分のための大事なＭｅ Ｔｉｍｅ（自分の時間）になっています。

やがて少しずつ自分のウェルビーイングが維持できるようになると、家族に優しくなるし、仕事もはかどる。自分を労わる時間は無駄ではなく、ミッション達成のために大きく役立つことがわかりました。

特に日本の女性は、自分を犠牲にしてがんばってしまう人がとても多い。優先順位に「自分」を入れ忘れている人がたくさんいます。誰であっても、いろいろなことを最適化するためにＭｅ Ｌｉｓｔをつくることを強く薦めます。私ももっと早くこういうことを教わっていれば良かったと思います。読者にはショートカットをしてほしいと願っています。

おわりに

本書では私が今まで学んできたことを、これまでページをめくってきた数々の人生のチャプターを通して紹介しました。

後からまとめると、きれいなストーリーに聞こえるかもしれませんが、何十年もかけて身につけてきたことで、本当に苦労をしました。何度もパンクしそうになったし、たくさんの失敗も重ねてきました。

読者には最短ルートで、近道をしてほしいと思っています。

日本に住んでいた頃の友だちやＵＣバークレー時代の友だちは、まさか私が今、こんなことをしているとは誰一人思わなかったと思います。大勢の前に出てしゃべったり、大企業の取締役になったり子会社を経営したり。私もこんなことをする人生のチャプターは先が見えていませんでした。

みんなとちょっと違うと感じたり、ハンデに思えたりするものでも、強みに変えることができます。そこで私のケースをシェアしようと思います。

まず、これは大人になってようやく気づいたのですが、私は難読症（識字障がいともいう）で、米国ではディスレクシアと呼ばれるものですが、字を読むのに一苦労するのです。でも、文面で高密度な文字は識別しにくいというハンデは、逆に、大きな視点を持てることにつながったと思っています。スティーブ・ジョブズも同じようなディスレクシアでした。そう考えると、ただのハンデとはいえませんね。

もう一つ、いろいろな場面で聞かれるのが、「技術研究者として、あるいはテック企業の経営者として女性であることは大変ですか？」という質問です。あとから考えると苦労したこともありますが、そんなに気になるほどでもなかったなと思います。大学の専攻、大学院の博士課程やラボ、ほとんどの職場では私が唯一の女性でしたが、それが普通だったので気にならなかったのでしょう。むしろ、女性であることでまわりの男性たちとはちょっと違う視点を持ち込め、それによってそれまでの分野やビジネスの限界を突破した新しい進展に持ち込むことができたと思っています。

あとは体質的なことですが、妊娠するたびにかなり深刻なつわりになります。目が回り、食事も戻してしまいます。この状態のときは活字を読むと気分が悪くなるので、なるべく読み書きを避けたコミュニケーションを取らなくてはなりません。これはいろいろな困っている人たちの立場に立って、寄り添って解決法を見つけるにはプラスです。

自分で本当に苦しい思いをして、通常とは異なる状態でもこなさなくてはいけないことをこなすにはクリエイティビティーも必要ですし、ミッションによって支えられる必要が一段と強くなります。そして私の場合、「テクノロジーの力で人々を『なりたい自分』になれるようにする」というミッションは、自分でも共感できるものなのです。

ついでに言うと、私は赤血球が通常の人よりも少なく、貧血になりやすい体質です。無気力状態になりやすく、なかなか元気が出ないこともあります。だからこそエネルギーを注ぎ込むことを見つけて元気を出せるようにすることが大切です。こういう体質だからこそいろいろなことを最適化し、コーチのおかげで気づいた自分の最適化を忘れずに暮らす。本当に元気が出るパッションと、どうしても追い求めなくてはいけないミッションが体のためにも大事なのです。

日本語の語学力は低いと思っています。だからこそ何を伝えたいのかを明確に頭の中で整理しなくてはいけません。巧みな言葉で意図を濁したり、曖昧な表現のうしろに隠れて調整を試みたり、行間を読み取ってもらうコミュニケーションなどはできません。ただ、おかげでクリアなコミュニケーションがとれ、それはチームを引っ張っていく上で逆に強みともいえると思います。

誰しもハンデはあります。でも私はハンデを自分の特徴として捉え、それは可能性としてしか考えていません。これは強がっているのではなく、本心です。

充電するときもあります。子どもの頃に下田で過ごした影響か、毎年、どんなに忙しくても年末は海に行きます。子どもたちの名前もみんな海に関連しています。暖かい海に入ってプカプカと背面で浮かびます。そうするうちに、その1年の大変さがスーッと体から抜けていく感覚を覚えます。

もちろん、年末の海への旅行以外は充電できないときもあり、放電状態になることもあります。すべてのことが重なりすぎて、日曜日には明日から始まる竜巻のような忙しさに向き合えなくて、毛布にくるまって隠れることもあります。しばらく身動きすら取れません。

そんなときは、子どもたちとの時間を過ごします。彼らの話を聞き、一緒に話をして家族の時間をつくります。彼ら、彼女らに必要とされることで、大丈夫と思えてくるのです。

やっと「これでＯＫ、大丈夫」という状態になり、「よし、明日に立ち向かえる」となります。パッションを抱き、今まで築き上げた基盤で、ミッションに沿って、すばらしい仲間たちと、みんなが「なりたい自分」を選択できる未来に向かって。

読者の中には、「自分はこれまで基盤といえるようなものをつくってこられなかったので、次の選択肢が見えてこない」という方がいるかもしれません。たとえば社内の業務で忙しすぎて学びたいことを学べなかったり、女性の場合は産休や育休で職場を離れた時期があったり……。

でも大丈夫。これからどんどん基盤をつくっていくというのも一つの選択肢です。人生はいくつものチャプターがある本なのですから、新しいチャプターへのページをめくるのに遅すぎるということはありません。まずはのめり込めるもの、パッションが何なのかを考えることから始めてもいいかもしれません。

今までは目の前のことで忙しすぎて、時間も心の余裕もなかった。でも今日からは、のめり込めるものを見つけるために最適化を始めてみる――すると、任せられるものは任せて、完璧でなくても良いことは少し手を緩めたりできるようになるはずです。そうすることででき た時間で自分自身を理解し、ミッションを見つけ、基盤をつくり、それが新しいチャプターへの道に進むという選択肢につながると信じています。

謝辞

本書を書き上げるにあたって数えきれないぐらいたくさんの方に支えられました。本書は私の考えやビジネス経験だけを紹介した本ではなく、私自身の人生ストーリーが詰まったものだからです。私をそれぞれのチャプターで支えてくれた人、次のチャプターにページをめくるときに相談に乗ってくれた人、すべてのチャプターを通してずっとサポートしてくれた家族など、心の底から感謝を伝えなくてはならない人があまりにも多くいます。

まずは家族です。私のすべてのチャプターをサポートし、たくさんのページをめくるときに揺るぎないサポートをしてくれた両親に感謝します。母、瑞子は自分の体験や経験から、自分が成し遂げられなかったことや後悔したことも含めて私に教えてくれ、本文でも述べたように小石にまで気を配りながらサポートしてくれました。父、嵩からはビジョンやインスピレーションをもらい、物事を大局から見るということも教えられました。祖父は2人ともアントレプレナーであり、ユニークな人たちで、それぞれが人とはちょっと違う自分らしさを貫いた人生を歩んだことにも大きなインスピレーションをもらいました。

夫のおかげで私自身が良い選択をすることができ、どの選択をするときもそばにいてくれました。夫のサポートあってこその選択です。

大きな選択をするときには多くの人に導かれました。テニスプレーヤーだった私にロボティクスの世界へのドアを開いてくれたロン・フェアリング教授。airhead な人生を振り落とすべきだと言われ、新しい選択の幅を大きく広げてくれたロドニー・ブルックス教授。良いコミュニケーターに仕上げてくれたロバート・ハウ教授。産業界への道を開き、人々に必要とされるものの作り方を教えてくれたセバスチャン・スラン、ラリー・ペイジ、トニー・ファデル。良いリーダーでありながらも自分のケアを忘れてはいけないと教えてくれたマーワン・ファワズ、ジョナサン・ローゼンベルグ、ロベルタ・リーガ。マルチカルチャーな企業でイノベーターやエクスプローラーとしての活躍方法を教えてくれたチャールズ・オライリー教授、アンディー・ビンズと、本書を書き上げる過程でいろいろ会話を重ねた櫛田健児。

現在のチャプターではパナソニック ホールディングスの津賀一宏さん、楠見雄規さんはリーダーとして、また、今の道を進むにあたって最高のサポートに心から感謝しています。ヨハナチームと、特に本書を書き上げるまでのプロセスをサポートしてくれたメンバーのおかげで出版にたどり着きました。

本書は、現状を打破して自分の人生を、世の中を良くするために活動したい人に向けて書きました。敷かれたレールをたどることでは決して届かない活躍に向けて、勇気を出して、ちゃんと選択をしながらがんばってほしいのです。

私の原動力は、子どもたちのために良いロールモデルとなり、彼ら彼女らが「なりたい自分」になれるように育ってほしいという想いです。本書はまだ彼らには理解してもらえないと思いますが、私が学んできたことや失敗からの教訓を得て、幸せへと飛び立ってほしいと願っています。

2023年2月　パロアルト

松岡 陽子

【著者紹介】
松岡陽子（まつおか　ようこ）
パナソニック ホールディングス 執行役員
Yohana株式会社／ Yohana LCC CEO
1971年東京都生まれ。1993年カリフォルニア大学バークレー校卒業後、マサチューセッツ工科大学に進み、1998年博士号取得（電気工学、コンピューター科学）。ハーバード大学博士研究員、カーネギーメロン大学助教授、ワシントン大学准教授を歴任。2007年「天才賞」と呼ばれるマッカーサー・フェローを受賞。賞金を元手に、身体面および学習面に課題を抱える子どもたちのためのYokyWorks財団設立。2009年共同創業者としてGoogleX立ち上げ。2010年Nest社CTO（技術担当副社長）。その後Appleヘルスケア部門を経て、2017年Google副社長。2019年パナソニックに入社し、2020年Yohanaをファウンダー兼CEOとして設立。

選択できる未来をつくる

2023 年 3 月 30 日発行

著　者——松岡陽子
発行者——田北浩章
発行所——東洋経済新報社
〒103-8345　東京都中央区日本橋本石町 1-2-1
電話＝東洋経済コールセンター　03(6386)1040
https://toyokeizai.net/

本文デザイン・DTP……キャップス
装　丁…………竹内雄二
カバー写真………俵山　忠／University of Washington
印　刷…………ベクトル印刷
製　本…………ナショナル製本
編集協力………青木由美子
編集担当………髙橋由里
　Printed in Japan　ISBN 978-4-492-50339-3